IMPLEMENTANDO EMPREENDEDORISMO NA SUA EMPRESA

Sergio Lozinsky

IMPLEMENTANDO EMPREENDEDORISMO NA SUA EMPRESA

Experiências e Ideias para Criar uma Organização Empreendedora (Intrapreneurship)

M.Books do Brasil Editora Ltda.
Rua Jorge Americano, 61 - Alto da Lapa
05083-130 - São Paulo - SP - Telefones: (11) 3645-0409/(11) 3645-0410
Fax: (11) 3832-0335 - e-mail: vendas@mbooks.com.br
www.mbooks.com.br

© 2010 M.Books do Brasil Editora Ltda. Todos os direitos reservados.
Proibida a reprodução total ou parcial. Os infratores serão punidos na forma da lei.

Dados de Catalogação na Publicação

Sergio Lozinsky

Implementando Empreendedorismo na sua Empresa – Experiências e Ideias para criar uma Organização Empreendedora (*Intrapreneurship*)

2010 – São Paulo – M.Books do Brasil Editora Ltda.

1. Empreendedorismo   2. Administração   3. Negócios.

ISBN: 978-85-7680-076-7

Editor: Milton Mira de Assumpção Filho

Produção Editorial: Beatriz Simões Araújo
Coordenação Gráfica: Silas Camargo
Editoração e Capa: Crontec

Em memória de meu Pai, Daniel Lozinsky.

SUMÁRIO

Agradecimentos 11

Prefácio
    Empreendedorismo na Veia 13

Parte Um – Empresários & Empreendedores

Capítulo Um
O Dilema e o Sentimento de Culpa por (Ainda) Não Ter Criado uma Empresa e Ter se Tornado um Empresário de Sucesso 19

Capítulo Dois
Empresários Formam uma Espécie Rara... Principalmente os Bem-sucedidos! 25

Capítulo Três
O Caso *Result* 29

Capítulo Quatro
Entrevista – Adelson de Sousa, IT Mídia 43

Parte Dois – As Organizações Precisam de Empreendedores

Capítulo Um
Definindo Empreendedorismo Interno (*Intrapreneurship*) 53

Capítulo Dois
O Papel dos Processos de Negócios – Inovação, Oportunidades e Poder 59

Capítulo Três
Se Você Foi Recém-contratado pela Empresa, Empreenda... mas Tenha Cuidado! 65

Capítulo Quatro
Entrevista – Luis Felipe Schiriak, Votorantim 69

Parte Três – Formas de Empreender

Capítulo Um
Dois Perfis: o Generalista e o Especialista 79

Capítulo Dois
Cuidado com a Falta de Tempo! 85

Capítulo Três
Como o RH Pode Contribuir para o Empreendedorismo na Organização 89

Capítulo Quatro
Entrevista – Ricardo Pelegrini, IBM 95

Parte Quatro – Foco em Resultados

Capítulo Um
Gestão da *Performance* Empresarial como Ferramenta de Empreendedorismo 109

Capítulo Dois
O "Karma" de Ser Gerente.. 117

Capítulo Três
Ter uma Poupança Ajuda a Ser um Empreendedor 123

Capítulo Quatro
Entrevista – Antonio Carlos Motta Guimarães, Syngenta.............. 129

Parte Cinco – Conhecimento e Autoconhecimento

Capítulo Um
Reputação Profissional – Seu Maior Ativo & Relacionamento
É Tudo!.. 147

Capítulo Dois
O *Intrapreneur* Usa Bem os Recursos de Tecnologia...................... 151

Capítulo Três
Todos Podemos Ser Gurus!... 157

Capítulo Quatro
Entrevista – Mário Fleck, Rio Bravo 163

Parte Seis – Seja um Empreendedor!

Capítulo Um
Pense "Pequeno" 171

Capítulo Dois
Como Começar a Empreender Amanhã?... 173

AGRADECIMENTOS

Um agradecimento especial para Stela Lachtermacher – Presidente do Conselho Editorial da IT Mídia – que se dispôs a ler os originais deste livro, e que deu valiosas contribuições para a construção do texto final. E que, além disso, escreveu o prefácio do livro.

Meu muito obrigado a Milton Assumpção, Presidente da M.Books, que, desde a primeira conversa em que avaliamos as possibilidades de publicação do texto, foi um grande professor que me ajudou a compreender melhor o momento do mercado editorial que estamos vivendo, e a realizar modificações na estrutura do texto que tornaram o livro mais interessante.

Minha eterna gratidão aos entrevistados – Adelson de Sousa (IT Mídia), Antonio Carlos Motta Guimarães (Syngenta), Luis Felipe Schiriak (Votorantim), Mário Fleck (Rio Bravo) e Ricardo Pelegrini (IBM) – que abriram espaço nas suas concorridas agendas para dedicarem tempo a uma longa conversa sobre empreendedorismo nas organizações. Suas ideias e experiências sobre esse assunto foram determinantes para que o livro misturasse de forma adequada os conceitos que desenvolvi sobre empreendedorismo com as melhores práticas em uso nessas destacadas empresas.

E por fim agradeço à minha esposa, Sônia, e aos meus filhos, Adriana e Fernando, que foram as pessoas que me incentivaram a publicar um novo livro, depois de alguns anos escrevendo artigos, e apenas participando como colaborador em livros de outros autores. E que por isso mesmo precisaram ter paciência enquanto eu dedicava várias horas ao meu *notebook*, tentando traduzir minhas ideias em textos que pudessem ser de algum valor.

PREFÁCIO

Empreendedorismo na Veia

Stela Lachtermacher

Eu costumo dizer que minha entrada na área de jornalismo de tecnologia aconteceu absolutamente por acaso, talvez até por falta de opção, sendo muito sincera como poucas vezes admiti com relação a esta questão. E acredito que isso tenha acontecido com muitos de meus colegas, uma vez que jornalismo e tecnologia, na época, eram palavras quase que antagônicas.

Estava de mudança para São Paulo, saindo de um grande jornal do Rio, quando uma amiga de faculdade me chamou para trabalhar em uma revista de microcomputadores. Era o início da década de 1980 e eu pensei (mas não ousei perguntar): "o que será isso?". Na ocasião este termo era absolutamente desconhecido.

Mas todo este "intróito" é para dizer que, além de ter feito minha carreira toda nesta área, hoje este ambiente de profissionais de TI representa uma fonte de relacionamentos fantásticos que já agregaram muito, e tenho certeza continuarão agregando à minha vida. E uma das pessoas especiais que conheci ao longo deste caminho foi Sergio Lozinsky.

Já o conhecia "do mercado", como se costuma falar, mas nos últimos anos tivemos a oportunidade de desenvolver alguns projetos juntos, e por conta disso, discutir temas como inovação e colaboração o que, de certa forma, acho que o estimularam a dar forma a este livro que tive o prazer de ler enquanto era escrito.

Por conta de minha atividade profissional, no último ano aprendi muito sobre empreendedorismo e tive a oportunidade de conhecer pessoas muito interessantes ligadas ao tema. Ouvi também colocações muito *legais* a respeito, como o fato de dificilmente as pessoas relacionarem sonhos às atividades profissionais. E, refletindo, vi que isso acontece mesmo. Quando falamos de sonhos, normalmente estes estão relacionados a outros tipos de realizações – como aquisição de algum bem, viagens etc. – e dificilmente ao dia-a-dia profissional.

Uma pena, porque o ideal seria que todos conseguissem realizar seus sonhos em suas atividades profissionais diárias. Tenho certeza de que se assim fosse todo mundo seria mais feliz e passaria adiante esta felicidade sob a forma de novas ideias, produtos interessantes e melhores serviços. E isso é empreender, contagiar outras pessoas com seu sonho, e fazer com que sonhem junto porque, como já dizia o poeta, "sonho que se sonha junto é realidade".

E acho que é isso que o Sergio vem fazendo ao longo de sua trajetória profissional: tem levado pessoas a sonharem junto com ele e a transformarem sonhos em realidade, como ele vem fazendo desde suas primeiras incursões no ambiente corporativo, quer como intra-empreendedor quer como empreendedor de seus próprios negócios, como é contado nas páginas deste livro.

Não foi à toa sua saída da Arthur Andersen nem a criação da Result a partir da projeção do empreendedor e do estrategista de que a microinformática explodiria nos anos seguintes, como de fato aconteceu. Tão acertada estava sua aposta que a Price Waterhouse decidiu incorporar a ideia e o empreendedor aos seus quadros. E o empreendedorismo do Sergio continuou – tendo ganhado naquele momento na Price o prefixo intra – que o transformava em intra-empreendedor, tarefa tão difícil quanto a do empreendedorismo como conhecemos, e que se confunde com iniciativa empresarial.

Acredito que em muitos momentos estes dois conceitos se cruzam, sempre quando neles está embutida a ideia do sonho e de trazer para este sonho outras pessoas que dele passam a fazer parte não como coadjuvantes, mas como co-autores e protagonistas. Foi isso que o Sergio fez, bem como os empreendedores que com ele compartilharam suas iniciativas, abrindo ainda mais o leque deste livro.

Lembro que nas primeiras conversas o Sergio me disse: "não quero fazer um livro de auto-ajuda, mas algo que acrescente aos leitores". Eu tenho certeza de que mais do que acrescentar este livro vai inspirar aqueles que o lerem.

parte um | EMPRESÁRIOS & EMPREENDEDORES

capítulo um

O Dilema e o Sentimento de Culpa por (Ainda) Não Ter Criado uma Empresa e Ter se Tornado um Empresário de Sucesso

> *"Pensar é fácil. Agir é difícil.*
> *Agir como se pensa é o mais difícil."*
>
> (Johann Wolfgang von Goethe)

Este título é meio melodramático, mas a intenção do livro é justamente desmistificar a ideia de que só quem constrói uma empresa de sucesso deve sentir-se realizado. Muito ao contrário, a maior parte das grandes realizações da humanidade é formada por contribuições importantes de pessoas que fizeram a diferença por meio da sua experiência, visão e empenho, colaborando para que uma ideia ou uma organização transformasse a sociedade e o mercado, gerasse riqueza, ou revolucionasse os conceitos de gestão empresarial.

Mas vamos voltar ao início da questão: todas as pessoas que conheço gostariam de ter criado um negócio próprio – grande ou pequeno – acreditando que essa independência, essa percepção de ser "dono do próprio nariz" poderia levá-los a uma existência mais feliz e com maiores realizações.

Para complicar ainda mais, ao longo de suas carreiras as pessoas vão conhecendo histórias de sucesso de indivíduos que lutaram para serem "donos do seu nariz" – em condições mais precárias do que elas mesmas julgam enfrentar –, e que "chegaram lá". Momentos de angústia também acontecem quando nossos amigos, parentes ou colegas de trabalho – admirados com nosso conhecimento ou capacidade de realização, ou simplesmente iludidos por alguns bons resultados que conseguimos produzir – nos questionam se nunca pensamos em "trabalhar por conta própria", usar todo esse potencial em benefício próprio (e não dos nossos chefes), se não estamos "marcando passo" por não tentar algo mais ousado no mercado (mais tarde pode ser "tarde demais"); se não é hora de "sacudir a poeira".

O dilema de que falo no título deste capítulo tem a ver com essa corrida desenfreada pelo sucesso a qualquer custo que nossa sociedade vivencia há algumas décadas, e particularmente depois do advento da Internet, que acelerou a troca de informações entre os seres humanos, aumentando a visibilidade do que acontece com os outros em todos os lugares do mundo. "Será que escolhi o caminho certo?" "Será que não consigo enxergar as oportunidades que 'pipocam' em todos os lugares, e que parecem catapultar da noite para o dia pessoas como eu, com a diferença de que elas 'enxergaram'?"

Lembro-me de uma capa de revista de negócios da época do *boom* da Internet, no ano 2000: um indivíduo de terno aparece com um jeito depressivo, enquanto ao fundo várias pessoas diferentes, felizes, estão com as mãos cheias de dinheiro; no rodapé da página, o pensamento que passa pela cabeça do sujeito triste: "todos estão ficando ricos, menos eu!". Aquele profissional cabisbaixo representava as pessoas que ainda não tinham tido uma ideia "genial" para lançar um *site* que logo arrecadaria bilhões – através de um IPO[1] ou do aporte de investidores sedentos por novidades.

Embora naquele momento todos nós estivéssemos boquiabertos com o rápido desenvolvimento que essa nova tecnologia (a Internet) possibilitava, e não tivéssemos ideia até aonde tudo aquilo poderia chegar, o que pudemos perceber ao longo dos anos que se passaram desde então é que poucas iniciativas vingaram, e que depois surgiram vários outros empreendimentos mais sólidos, com planos de negócios com maior fundamentação, liderados por executivos que compreendiam como e onde gerar lucro com o negócio, além de times de profissionais melhor preparados para enfrentar o dinamismo imposto pelos negócios na Internet. E foi justamente essa questão da qualidade dos times, e das pesquisas e iniciativas de profissionais que queriam ver suas organizações progredirem, que fizeram a diferença entre o sucesso e o fracasso de vários empreendimentos.

---

1 IPO – *Initial Public Offering*, sigla em inglês que significa o lançamento de ações de uma companhia na bolsa de valores.

O índice da Bolsa Nasdaq (bolsa americana que reúne as ações das empresas de tecnologia), que no auge da "bolha" da Internet chegou aos 5.000 pontos, nunca mais voltou a ficar perto desse nível, oscilando – enquanto escrevo estas páginas – em torno dos 1.500 pontos!

Sobre o sentimento de culpa também mencionado no título do capítulo, é algo relacionado com o "não tentar". Trata-se daquela percepção de que a janela de oportunidade se abriu, e já fechou ou vai fechar-se a qualquer momento, e o indivíduo não se preparou, não fez nenhum movimento que o levasse mais seriamente a investigar as possibilidades de empreender algo em seu favor, e que fizesse diferença na sua vida e na de outras pessoas. Pior ainda, é sentir que não fez isso porque se sentiu inseguro, descrente mesmo de sua capacidade de ter sucesso em uma iniciativa na qual os riscos seriam grandes – pelo menos sob o seu ponto de vista – e que exigiria qualidades, visão e liderança para as quais ele não tinha certeza de estar à altura.

Afinal isso foi uma desculpa, um ato de covardia? Ou um ato corajoso baseado em autoconhecimento, de alguém sabedor que sua missão na Terra era outra, ainda que "mais modesta"?

Como veremos mais adiante, desenvolver o autoconhecimento é fator fundamental na vida de qualquer pessoa, principalmente daquelas dispostas a empreender. E nesse ponto não estou mais preocupado se esse empreendedorismo é pequeno ou grande, interno a uma organização, ou solto e livre no mercado.

Quanto à sensação de fracasso – por não ter enriquecido (e aqui estamos falando de muito dinheiro, uma vez que a comparação patrimonial é o que é usada como base por muitas pessoas para definir o tamanho do sucesso) –, está relacionada à máxima de "quem trabalha não tem tempo de ganhar dinheiro". As grandes fortunas viriam justamente de *insights*, "jogadas", visões e aproveitamento de oportunidades que só quem tem (ou fabrica) "tempo" poderia se beneficiar. Quem tem obrigações, metas desafiantes, "chefes", e um emprego a preservar, não pára para avaliar o que está acontecendo no mundo com olhos e ouvidos "de empresário", e simplesmente não aumenta o seu leque de opções para ganhar dinheiro e ter maior sucesso.

Um dos capítulos deste livro vai abordar a questão do "não ter tempo" – até parcialmente concordando com a máxima de que "quem trabalha não tem tempo de ganhar dinheiro" –, mas com uma abordagem bem diferente, e voltada para o ambiente de trabalho em que o profissional está construindo a sua carreira. Há algo, realmente, que pode ser feito para usar melhor o tempo no trabalho, mas não unicamente para pensar em construir a sua própria empresa.

Finalmente, é preciso esclarecer dois pontos fundamentais para entender os objetivos das próximas páginas.

O primeiro é que NÃO se trata de um livro contra a ideia de que as pessoas devem procurar desenvolver o seu próprio negócio. O livro apenas reconhece o fato de que a categoria dos empresários (vamos falar mais sobre isso no próximo capítulo) – principalmente os que alcançam o sucesso – é formada por um número reduzido de indivíduos. Uma das características marcantes do Capitalismo – que norteia os rumos da nossa sociedade e que é responsável pelo desenvolvimento e pela riqueza que geramos como espécie – é a concorrência, a competição. E onde há competição – selvagem em alguns mercados – não há espaço para que todos os negócios sobrevivam, ou mesmo venham a ter uma existência saudável algum dia. São poucos os indivíduos que possuem a "bagagem" necessária para empreender essa viagem rumo à construção de um negócio de êxito. Mas isso, como se verá adiante, não os torna melhores do que o resto da humanidade, apenas os credencia para terem uma participação importante (mas não exclusiva) na construção do progresso e da riqueza.

O segundo ponto é justamente o que reconhece que há muito espaço no mercado para profissionais e indivíduos que não nasceram para "criar uma empresa", e que talvez o século XXI seja o momento de maior valorização dessa categoria profissional, que contempla a maioria de nós. A globalização dos mercados, o acirramento da concorrência, a inovação como ferramenta de competitividade, a cada vez maior interdependência entre as empresas, a integração entre os países, tudo isso contribuiu para aumentar dramaticamente a necessidade de organizações "popularem" seus quadros funcionais com profissionais que sejam capazes não simplesmente de "executar bem" a estratégia e os procedimentos definidos, mas sim de "empreender" mudanças constantes que tornem esses procedimentos mais eficazes, e ajudem a redirecionar a estratégia de modo a acompanhar o dinamismo sem precedentes que experimentamos desde os últimos anos do século XX.

O sentido e os objetivos do conceito de "empreendedorismo" ampliaram-se significativamente, abrindo espaço para que pessoas ávidas por progredirem em suas carreiras e alcançarem o sucesso (inclusive financeiro) tenham muitas oportunidades de colocarem em prática suas habilidades, ideias e capacidade de execução.

Acredito que o século XXI, no campo empresarial, será marcado pelo *intrapreneurship* (o empreendedorismo interno – falarei muito mais sobre esse tema). E isso é uma grande notícia para todos nós. A fórmula aqui não é de auto-ajuda, do tipo "descubra o profissional genial que existe dentro de você", mas sim do que podemos fazer – como indivíduos e como organizações – para participar com chances de êxito nesse mundo de oportunidades que vêm se abrindo desde a retomada do crescimento mundial em 2003. Escrevo estas páginas em meio à enorme e surpreendente crise econômica iniciada em 2008, e nem sei como estarão as coisas quando você estiver lendo estas linhas, mas tenho certeza que independente de termos voltado aos tempos de "vacas gordas" ou ainda estarmos navegando em perdas de escala e de crédito, a questão do profissional empreendedor – e motivado para empreender – estará no centro das discussões das empresas que estarão em busca de diferenciar-se no mercado, de conquistarem mais clientes, e de maior lucratividade.

O texto é permeado por comentários, ideias e experiências práticas de cinco executivos importantes do cenário brasileiro (as entrevistas completas também estão reproduzidas ao longo do livro):

- Adelson de Sousa, fundador e Presidente da IT Midia;
- Antonio Carlos Motta Guimarães, Presidente da Syngenta na América Latina;
- Luis Felipe Schiriak, CFO da Votorantim Industrial;
- Mário Fleck, CEO da Rio Bravo Investimentos;
- Ricardo Pelegrini, Presidente da IBM Brasil.

Estes comentários, ideias e experiências estendem os conceitos abordados e dão uma boa perspectiva do que as empresas podem fazer, na prática, para lidar com a questão do empreendedorismo.

capítulo dois

Empresários Formam uma Espécie Rara... Principalmente os Bem-sucedidos!

"Visão é a arte de ver coisas invisíveis."

(Jonathan Swift)

AQUELE SONHO SECRETO QUE TODOS TEMOS DE TER NOSSO PRÓPRIO NEGÓCIO (lucrativo, de preferência), ou de não depender de ninguém para sobreviver financeiramente nesse mercado alucinante em que nossa vida se desenvolve, não está ao alcance de todos, apesar de todas as dicas dos livros de auto-ajuda.

E a razão para isso é que nossas personalidades, habilidades, emoções e comportamentos são muito diferentes, e poucos são os que reúnem a mistura correta que combina visão empresarial, liderança e capacidade de execução para criar e gerir bons negócios. E isso não se aplica somente aos grandes negócios ou grandes empresas: negócios de todos os tamanhos exigem essas qualificações para crescerem e terem sucesso. Talvez os menores – proporcionalmente – mais do que os maiores.

Mas isso não significa – de jeito nenhum – que a maioria de nós esteja condenada ao fracasso profissional ou viva com qualquer limitação na busca da felicidade pessoal ou do conforto material. Ao contrário, é justamente ao reconhecer que não somos "especiais" (isto é, detentores de algum dom que nos colocaria acima do resto da humanidade) – e isso vale para todas as pessoas, inclusive os empresários natos – que descobrimos os nossos diferenciais (e também nossas dificuldades), e a partir desse reconhecimento e dessa conscientização, temos melhores condições de construir nossas carreiras e pensar em alçar vôos mais altos.

Uma questão que sempre permeia o tema Empreendedorismo – para dar um exemplo das diferenças entre as pessoas – é aquela do apetite pelo risco, ou da aceitação de que as coisas podem dar errado, e mesmo muito errado. A percepção dos riscos constantes que um negócio experimenta todos os dias, e a possibilidade de perder muito ou até tudo o que construiu na vida, faz com que muitas pessoas abandonem a ideia de ter o seu negócio, ou vivam experiências empresariais claudicantes (ou seja, não ousem o suficiente para aproveitar as oportunidades que se apresentam), por medo de arriscar-se demais.

Mas a globalização e a competitividade dos mercados e dos países – por mais selvagens que possam parecer – trouxeram grandes oportunidades para os seres normais, que não nasceram com o DNA de empresários: o aumento da concorrência, a sofisticação dos meios de gestão e de controle, a necessidade dramática de reduzir os custos administrativos e operacionais, o uso da terceirização, os processos de consolidação de empresas nos mercados (aquisições & fusões), as infinitas possibilidades de aplicação das novas tecnologias... Tudo contribuiu para aumentar o valor dos "bons" profissionais, e para reconhecer que o talento deve ser valorizado e preservado. E isso é uma ótima notícia para todos nós que queremos progredir com base nos dons e nas habilidades com os quais fomos contemplados pela Natureza. As pesquisas com executivos de todo o mundo mostram claramente que as empresas não possuem todos os talentos de que precisam para operar e crescer, e que precisam investir tanto nas boas cabeças que já possuem, quanto na capacidade de atrair outros bons profissionais... em todas as categorias e profissões.

Por isso não quis dedicar neste livro muito espaço ao perfil profissional que é caracterizado por uma visão de negócios privilegiada (aquele que enxerga o negócio antes de ele existir, que vislumbra possibilidades que ninguém percebe, e que está disposto a apostar alto em uma ideia que nasceu no seu próprio cérebro, sem outros precedentes significativos). Mas acho que esses profissionais também encontrarão um conteúdo útil neste livro, na medida em que obterão uma melhor perspectiva sobre as capacidades e ansiedades que seus bons colaboradores possuem e vivenciam enquanto dedicam uma parte importante de suas vidas a fazer a empresa em que trabalham crescer e ter sucesso.

Esses profissionais – que constroem sua carreira peça por peça ao longo de algumas décadas – são aqueles que colocam as ideias do visionário em prática, viabilizam os processos de negócios que permitem preparar e entregar os produtos ou serviços, aumentam a sua própria produtividade – e a dos demais profissionais sob sua supervisão – para que os custos operacionais e administrativos da empresa permaneçam em níveis sustentáveis, aprendem novos métodos e tecnologias mais eficazes, orgulham-se quando sua empresa torna-se destaque no mercado por demonstrar relevância em um ou mais aspectos de gestão empresarial (lucratividade, recursos humanos, liderança, qualidade etc.). Eles esperam reconhecimento pelos seus esforços e resultados, e sonham com uma vida melhor, menos estressada e que ofereça conforto e segurança para seus entes queridos.

O Caso *Result*

"Nunca, nunca, nunca, nunca desista."

(Winston Churchill)

EM SETEMBRO DE 1983, quando ainda estava em vigor a "Lei de Informática" – que protegia os fabricantes brasileiros de *hardware* da competição externa – e o microcomputador ainda era visto com certa dose de curiosidade pelas empresas, foi criada, na cidade do Rio de Janeiro, uma empresa de consultoria cuja missão foi definida assim: "ajudar as empresas brasileiras a introduzirem as novas tecnologias de informática em seus negócios, ampliando a sua competitividade". Especificamente, na época, essas "novas tecnologias" eram representadas pelo microcomputador.

Essa empresa foi criada por dois ex-gerentes (eu mesmo e Luiz Meisler, atualmente Vice-Presidente da Oracle para a América Latina) da divisão de consultoria da Arthur Andersen, então uma proeminente empresa de auditoria, e que havia sido pioneira na oferta de serviços de consultoria empresarial associados à tecnologia, ainda na década de 1950, nos Estados Unidos. Uma organização com uma cultura preparada para a inovação.

Para aqueles que não lembram ou não conhecem a história da microinformática, é preciso destacar alguns fatos do início dos anos 1980 que promoveram a ruptura da então tecnologia de *mainframe* (computadores de grande porte) como o centro das soluções de sistemas de informação das grandes organizações. As demais empresas ou não possuíam recursos de tecnologia, ou alugavam "tempo de processamento" em prestadores de serviços – chamados *bureaux* (original em francês) de serviços: os *bureaus* (como acabou se usando) eram empresas que compravam *mainframes* para compartilhar o seu uso (como existem casos similares hoje com aviões e helicópteros).

Houve vários episódios importantes no lançamento dessas novas tecnologias nos anos 1980, e os interessados devem ler os livros que contam as diversas histórias dos produtos e das promessas da época. Mas vamos ficar aqui apenas com alguns dos casos que têm maior relação com a fundação da Result.

Um deles era o computador Apple, que permitia "rodar" uma planilha chamada VisiCalc (*Visible Calculation*), a avó do Excel. Essa planilha começava a ser percebida como uma boa ferramenta para produzir orçamentos financeiros.

Outra novidade importante eram as aplicações que começavam a ser lançadas para o ambiente operacional DOS (da Microsoft), que tornava os microcomputadores da IBM concorrentes ferozes da Apple. Duas aplicações, em particular, nos interessam aqui – o WordStar, então o principal editor de textos do mundo, e as linguagens de programação para microcomputadores, como Basic. Entre estas, havia um COBOL (COBOL Workbench) que permitia usar o conhecimento e a experiência de programação existentes no mercado para desenvolver aplicações em micros.

Como eu possuía uma formação em tecnologia, fui designado para fazer duas coisas: estudar como substituir o *pool* de datilografia por microcomputadores com WordStar, e também desenvolver um "curso" – que seria oferecido a executivos financeiros dos clientes – de como usar o VisiCalc na elaboração de orçamentos.

Na época, a preparação de propostas e relatórios era um suplício: você escrevia o texto à mão (quem sabia datilografar e tinha acesso a uma máquina de escrever podia usar esse recurso, mas isso era uma exceção); em seguida enviava-o para o *pool*, onde ele entrava em uma fila para ser datilografado; uma vez datilografado era preciso submetê-lo a uma leitura do original e correção do datilografado (duas pessoas – uma lendo e a outra marcando os erros); o texto voltava então para o *pool* para ser corrigido; eventualmente esse processo poderia ocorrer mais uma ou duas vezes; para pequenas correções era admitido o uso de corretores (tinta branca aplicada sobre o erro, onde depois se datilografava o texto correto), mas na maioria das vezes toda a página precisava ser refeita. E haja papel, tempo e paciência!

Eu deveria estudar as funcionalidades do WordStar e verificar como o processo de preparação de propostas e relatórios poderia ser alterado – e provavelmente agilizado – com o uso de microcomputadores. Fiquei maravilhado com o que vi (e na época ainda não havia corretores de ortografia ou indicadores de problemas de semântica, como hoje), e percebi como não somente o processo seria simplificado, mas os custos envolvidos seriam drasticamente reduzidos. Também fiquei imaginando – por ser consultor – como essa tecnologia poderia afetar outras empresas do mercado.

O sistema foi implantado com sucesso, as "datilógrafas" treinadas no uso dos recursos, mas a área continuou a ser chamada de *"pool* de datilografia" por muito tempo ainda.

No campo dos cursos de VisiCalc os impactos também eram surpreendentes. A planilha não tinha toda a sofisticação das versões atuais, mas introduziu o conceito de célula, cálculos e funções associando células diferentes, e, portanto, possuía os ingredientes básicos que usamos até hoje. Eu apresentava aos executivos um protótipo de orçamento financeiro, e o curso mostrava como construir esse protótipo usando o VisiCalc. O objetivo era criar a demanda por serviços de consultoria para desenvolver "sistemas de orçamento" nos clientes da Arthur Andersen. De novo percebi como aquela tecnologia causava impacto sobre os executivos que tomavam contato com a novidade, e despertava o interesse das empresas, que vislumbravam na planilha uma maneira de aperfeiçoar os seus pesados processos de negócios (ainda estávamos na era pré-Reengenharia).

Nessa mesma época, os novos consultores da Arthur Andersen eram enviados a Saint Charles, no estado de Illinois, Estados Unidos, durante o seu primeiro ano de trabalho, para fazerem um curso básico de programação. Nos anos 1980 esse curso era baseado em COBOL de *mainframe*. A maioria entrava na empresa com pouca ou nenhuma experiência em programação, e o curso era seu primeiro contato com essa ferramenta tecnológica.

Sugeri aos sócios da AA que fosse desenvolvido um curso local, preparatório para Saint Charles, de modo que os consultores pudessem aproveitar melhor o treinamento nos Estados Unidos, e inclusive obter um desempenho acima da média, quando comparada com os participantes de outros países. Essa sugestão foi aceita, e desenvolvi um pequeno curso de COBOL em microcomputadores, para que o participante começasse a entender o que era programação e o que era COBOL. As perspectivas de desempenho e de aprendizado se concretizaram, e a primeira turma que foi a Saint Charles com essa preparação prévia saiu-se muito bem.

Essas três experiências, e a leitura de artigos e matérias que mostravam como os microcomputadores começavam a ganhar espaço "lá fora" (não havia Internet, e algumas publicações importadas ou não chegavam, ou eram muito caras), fizeram com que eu imaginasse que haveria muitas oportunidades para consultores que se tornassem conhecedores dessa nova tecnologia e suas possibilidades, e que estivessem preparados para ajudar os clientes a selecionar, comprar, instalar e usar esses recursos tecnológicos.

Procurei então alguns sócios da Arthur Andersen propondo que fosse aberta uma nova "área" de consultoria: consultoria em microinformática, justamente para colocar em prática essas ideias. Eu via nessa iniciativa a possibilidade de transformar em empreendimento uma coisa que já vinha me entusiasmando há algum tempo e, também, de acelerar minha carreira em direção à sociedade na Arthur Andersen.

Essa ideia não recebeu apoio naquele momento. Havia uma preocupação em investir em algo ainda incipiente, visto por alguns no mercado como *gadgets* de executivos (algo como se o microcomputador fosse um "brinquedinho" para os executivos); além disso, os projetos de desenvolvimento de sistemas em *mainframe* iam muito bem, e consumindo uma enorme quantidade de horas dos consultores da AA.

Enquanto eu fazia minhas pesquisas em microinformática e acalentava sonhos sobre as possibilidades dessa tecnologia, outro gerente da Arthur Andersen – Luiz Meisler – também elucubrava sobre como alavancar a sua própria carreira, e que oportunidades existiriam no fechado mercado brasileiro de então.

Eu e Luiz estávamos em pontos similares na carreira, e por isso participamos de um mesmo curso em Saint Charles, e acabamos conversando sobre nossas ideias e nossos sonhos de crescimento e de fortuna. No início de 1983, decidimos que montaríamos – até o fim daquele ano – um negócio de consultoria em microinformática, independentemente se ele seria "tocado" dentro da Arthur Andersen ou fora dela. Havia muito que estudar e pesquisar, fosse qual fosse o destino final.

Houve algumas reuniões para discutir o negócio, a estratégia, as possibilidades e os requisitos. O entusiasmo dos dois jovens de 27 e 29 anos só aumentava a cada reunião. Os perfis profissionais – ambos generalistas, mas com experiências complementares (eu no conhecimento técnico e Luiz na visão administrativa) – ajudaram a criar sinergias importantes para o futuro negócio.

Das discussões surgiram duas conclusões importantes: a primeira é que quando fôssemos ao mercado, já deveríamos dominar razoavelmente bem o tema microinformática, pois isso seria vital para qualificarmo-nos bem frente à demanda que (esperávamos) certamente aconteceria quando mais e mais empresas percebessem o valor que essa nova tecnologia poderia agregar aos seus negócios; a segunda conclusão é que seria necessário adquirir um microcomputador para permitir a aquisição do domínio técnico, explorar as possibilidades e criar algo que pudesse ser mostrado aos potenciais clientes.

A aquisição do microcomputador (um ProLógica 700, um paquiderme com 64K de memória e dois *slots* para *flop disks* – antecessores do disquete, com baixíssima capacidade de armazenamento) foi uma verdadeira saga: era caro, e a única maneira de adquiri-lo de forma viável seria mediante um *leasing*. O cunhado do Luiz precisou ajudar-nos nesse processo, e finalmente um dia, um técnico da ProLógica, com cara de quem não estava entendendo nada, veio instalar o computador no quarto do meu apartamento, junto com uma impressora igualmente paquidérmica (a impressão ainda era feita em "formulário contínuo" – grandes páginas que deveriam ser destacadas da "resma" a cada impressão).

Eu e Luiz decidimos que deveríamos desenvolver um produto – um *software*, ou um "pacote" como se dizia então – para aplicação em um segmento de mercado específico. Esse segmento deveria ser promissor, carente de boas soluções de tecnologia, e onde os custos e a portabilidade do microcomputador fizessem a diferença. Acabamos optando pelo segmento de construção – civil e pesada. Havia uma perspectiva de retomada desse mercado no Brasil (que nunca chegou a acontecer), as atividades das empresas eram descentralizadas (cada obra era um negócio com vida própria e com custos elevados que mereciam ser mais bem controlados), e tratava-se de um segmento com um histórico – até então – de baixo investimento em tecnologia.

Eu e Luiz trabalhamos durante oito meses – à noite, fins de semana e feriados – no desenvolvimento do "SCO – Sistema de Controle de Obras". Algo que hoje ganharia facilmente o nome de "ERP[2] da Construção": vários

---
2 ERP – *Enterprise Resource Planning*, aplicativos para gestão empresarial.

módulos integrados, apurando custos, controlando o cronograma da obra, serviços de terceiros, orçamentos, e usando todas as tabelas e padrões adotados pelo segmento de construção. A expectativa era que o sucesso nesse segmento permitisse que o futuro negócio de consultoria de microinformática crescesse, e a partir daí novas soluções para outros segmentos seriam desenvolvidas.

A experiência de desenvolvimento do SCO acabou permitindo que eu e Luiz ganhássemos um importante *insight* sobre a tecnologia de microinformática – a programação das soluções era ainda mais complexa do que no *mainframe* (porque a disponibilidade de memória e de espaço em disco era pequena); o sistema operacional ainda apresentava alguns problemas "insolúveis"; e se o programa não fosse bem desenhado e codificado, o tempo de processamento poderia ser enfadonho para o usuário (já que, agora, o computador estaria na sala do usuário, e não no CPD – o então famoso Centro de Processamento de Dados). Em compensação, as ferramentas do tipo *Office* da época (cada componente de um fabricante diferente) aumentavam de forma impressionante a produtividade das pessoas. Segurança era uma piada, já que ninguém havia realmente pensado nisso seriamente até então. E os *flop disks* eram os novos "cartões perfurados" do momento. Mas as possibilidades eram imensas, e os conceitos de portabilidade do equipamento e de maior aproximação direta com o usuário final significavam uma revolução tecnológica. Milhares de empreendedores se lançaram a desenvolver ideias e soluções para microinformática – mais até no campo do *hardware*, e mais tarde, como todos já sabemos, nas soluções de *software*.

Em determinado momento, eu e Luiz percebemos que trabalhar somente em horários alternativos não seria suficiente para cumprir a meta de ter algo pronto até o final de 1983. Decidimos, então, encontrar uma pessoa para ajudar-nos no desenvolvimento e documentação do sistema. Foi contratado Ricardo Chebar, meu cunhado, que topou o desafio e tornou-se o primeiro funcionário da futura empresa. Ricardo – com formação em Telecomunicações – foi vital para aumentar as qualificações em microinformática que a futura empresa deveria apresentar ao mercado.

Em agosto de 1983, o SCO estava praticamente pronto e documentado. Aproximava-se um momento delicado: o de tomar a decisão de ir em frente (com todos os riscos que isso implicava), ou de continuar investindo tempo e dinheiro em aprimorar o produto, estudar mais a tecnologia, quem sabe fazer algumas sondagens no mercado, para avaliar se as condições seriam favoráveis). Para complicar um pouco mais a situação, tanto eu como Luiz estávamos progredindo bem em nossas carreiras na Arthur Andersen, que crescia no mercado de consultoria.

Foram feitas muitas contas de quanto tempo Luiz e eu aguentaríamos sem ter uma receita garantida. Chegamos à conclusão de que o risco era aceitável. E acreditávamos que – se as coisas não dessem certo – teríamos um alto grau de empregabilidade no mercado de Consultoria, em função da experiência acumulada.

Eu pedi demissão da Arthur Andersen em agosto de 1983, e comecei a montar a infra-estrutura da futura empresa. O nome Result (pronuncia-se Resúlt, embora possa ser visto como *Result*, "resultado" em inglês) já havia sido escolhido entre poucas opções pensadas e avaliadas. Foi então pedido o registro da empresa Result – Planejamento, Consultoria e Sistemas Ltda, com sede em uma pequena sala alugada na Av. Rio Branco, no Rio de Janeiro, perto da esquina com a Av. Presidente Vargas. O centro da cidade era o lugar mais adequado para uma empresa de Consultoria, pensavam os sócios do novo empreendimento.

Alguns contatos começaram a ser feitos por meio de conhecidos e amigos que trabalhavam em empresas com sede no Rio de Janeiro. Como Result era um nome desconhecido, o processo de venda exigia que eu contasse a minha própria história para tentar convencer o potencial cliente das qualificações da jovem empresa, e das possibilidades da microinformática como solução de negócios.

De imediato, Luiz e eu percebemos que não deveríamos restringir-nos ao mercado de construção, sob pena de não obtermos uma escala de projetos que viabilizasse o negócio. Afinal, o mercado de construção não havia "decolado" (e assim permaneceria durante muitos anos). Embora não tivéssemos uma solução para outros segmentos, entendíamos que nossa experiência em microinformática nos ajudaria a posicionar-nos bem em qualquer empresa em que a tecnologia de microinformática fosse aplicável, ou seja, quase todas as grandes empresas do País.

Com perspectivas razoáveis no horizonte, Luiz pediu demissão um mês depois de mim, para juntar-se na empreitada. Com isso, a capacidade de gerar e conduzir contatos aumentou, e o discurso de venda passou a ser apresentado mais intensamente no mercado.

Um desses contatos com um amigo da área de Construção despertou o interesse de um jovem empresário – Alex Herzog, então com 29 anos – que começava a assumir a direção da L. Herzog e da Armafer, empresas fundadas por seu pai para fornecerem produtos (ferro e aço) e serviços (dobra do ferro) para a construção civil. Entusiasmado por novas tecnologias e inovação, Alex convidou a mim e ao Luiz para uma rodada de conversas visando avaliar se poderíamos trabalhar juntos. Alex tinha os contatos no segmento de construção (os clientes da L. Herzog) e todas as funções de "escritório" prontas e funcionando para suportar uma nova empresa em seu grupo. Isso permitiria que os "sócios" da Result se dedicassem totalmente aos clientes do novo negócio.

Em outubro de 1983, Luiz, Alex e eu celebramos nossa nova sociedade; a sala da Av. Rio Branco foi devolvida aos proprietários (com a ajuda da L. Herzog), e nos mudamos para um espaço nas instalações da L. Herzog em Bonsucesso, bairro do Rio de Janeiro não muito longe do centro.

O SCO nunca chegou a ser vendido para nenhum cliente (o segmento de construção tinha sido uma má escolha, com certeza). Em compensação, grandes empresas de outros segmentos – financeiro, transporte, farmacêutico, petroquímico, gráfico, industrial – começaram a perceber o grande potencial que a microinformática trazia na melhoria da gestão empresarial e na redução dos custos administrativos. E a Result era uma das empresas com melhores qualificações para desenhar e desenvolver as soluções que permitiriam aplicar essa tecnologia nos negócios.

Nos dois anos seguintes, a Result ganhou projetos interessantíssimos, que deram visibilidade ao potencial que a microinformática representava para os negócios: um sistema que controlava as aplicações *overnight* e os lastros em papel de uma DTVM (Distribuidora de Títulos e Valores Mobiliários), um sistema que administrava todo o processo de recrutamento de uma grande empresa estatal da área de transporte, um sistema de controle de projetos de uma empresa petroquímica, um sistema de preparação do orçamento da subsidiária brasileira de um banco multinacional (o sistema foi posteriormente adotado pela matriz do Banco em Nova York), um sistema administrativo para uma construtora com obras na Europa (não, não era o SCO), e o primeiro sistema de *Home Banking* do Brasil para a subsidiária brasileira de um banco europeu, algo extremamente inovador na época, entre muitos outros.

Além disso, os sócios da Result verificaram que todos os clientes precisavam de alguma solução contábil-financeira para seus negócios, e que essas soluções eram muito parecidas – independentemente do segmento – o que permitia pensar em um "pacote" de *software*. Foi desenvolvido o sistema Result (que chegou a ter cem clientes na sua base instalada), que contava com módulos de contabilidade, contas a pagar, contas a receber, folha de pagamento (mais tarde percebido como um sistema especialista que deveria ser tratado de forma separada), livros fiscais e outras funcionalidades. O primeiro funcionário da Result – Ricardo Chebar – e outra aquisição inicial – Moraes – foram profissionais fundamentais no desenvolvimento e na venda desses pacotes. Mas os sócios focavam a consultoria, e, portanto, o pacote – apesar do seu sucesso de vendas – era visto como uma ferramenta para vender projetos e horas de consultoria. Essa percepção do "pacote" de *software* como uma ferramenta de consultoria mostrou-se equivocada, porque os pacotes, mais tarde renomeados como aplicativos, tornaram-se as grandes estrelas do mercado de tecnologia nos anos 90 (mas – como mencionado quando comentei sobre o perfil e sobre o DNA do profissional – há algumas coisas que não conseguimos enxergar, ou das quais não conseguimos fugir, porque de certa forma nosso "instinto" nos leva a percorrer determinados caminhos em lugar de outros; não é impossível mudar ou perceber coisas novas, mas às vezes isso ocorre tarde demais).

Nos três anos (1983-1986) em que a Result atuou no mercado como uma empresa independente, 70 profissionais foram contratados com carteira assinada e benefícios (somente três funcionários administrativos), e foi desenvolvido um portfólio de clientes de primeira linha, quase todos listados entre as 200 maiores empresas do Brasil. Os projetos foram ganhos em concorrências em que participavam as grandes empresas internacionais de auditoria e consultoria.

Entre esses 70 profissionais, alguns tiveram um papel importante no desenvolvimento das atividades da empresa. Marcelo Pontes de Souza, por exemplo, foi convidado a integrar o quadro de sócios da Result, e agregou seus conhecimentos de estratégia e processos de negócios, ampliando a capacidade da Result em desenhar soluções de negócios. Esse conhecimento do Marcelo também se mostraria importante mais tarde, quando a demanda por serviços de Reengenharia surgiu nos anos 1990.

Outra contratação interessante – diretamente associada ao tema empreendedorismo interno – foi a de José Luiz Teixeira Rossi. José Luiz havia trabalhado como *trainee* comigo e com o Luiz na Arthur Andersen, e tinha deixado uma ótima impressão nos dois futuros fundadores da Result. José Luiz era o jovem que eu e o Luiz apostávamos que poderia tornar-se "nosso futuro chefe". Na prática foi isso o que ocorreu, anos depois, já na PricewaterhouseCoopers, e depois na IBM.

Justamente por trabalhar em grandes empresas e concorrer diretamente com as maiores consultorias do mercado, a Result chamou a atenção da Price Waterhouse (atualmente PricewaterhouseCoopers). A PW tinha definido uma estratégia de ampliar sua atuação em consultoria mediante aquisição no mercado, em lugar de trabalhar somente o crescimento orgânico do negócio. Duas empresas estavam na "mira" da PW – a DataSul (com sistemas de Produção) e a Result, com seus pacotes contábil-financeiros e muitos projetos de desenvolvimento de sistemas.

Em outubro de 1986 um acordo foi fechado, e a Result passou a ser uma empresa do Grupo Price Waterhouse, formando o que viria a ser mais tarde a divisão MCS (*Management Consulting Division*). Para se ter uma ideia do tamanho da Result na época, a PW também tinha 70 pessoas em consultoria.

Do grupo inicial da Result, algumas pessoas chegaram a sócios da PW, e muitos dos que não continuaram na empresa vieram a ocupar posições importantes em várias outras organizações.

O espírito empreendedor da Result continuou funcionando na PW, e vários serviços inovadores foram criados – com mais ou menos sucesso.

Quando o Brasil se destacava negativamente no mercado internacional de *software* como sendo um dos países com maior quantidade de "*software* pirata" do mundo, desenvolvemos um serviço chamado "auditoria de software", que detectava o tamanho do problema de pirataria na empresa, desenhava a solução e até ajudava na negociação com os fornecedores, para evitar processos judiciais. Essa iniciativa nos levou até Seattle, onde apresentamos a abordagem do serviço para a Associação dos Fornecedores de Software (*BSA – Business Software Association*), e despertamos o interesse de Bill Gates, que viu nesse tipo de serviço uma maneira criativa de conscientizar os executivos dos riscos e malefícios do uso de *software* pirata.

Isso ajudou a Result a tornar-se um dos distribuidores da Microsoft no Brasil. Mas o negócio não parecia combinar muito bem com os serviços de auditoria e de consultoria da PW, e foi descontinuado depois de alguns poucos anos.

Estivemos muito bem posicionados na fase da Reengenharia, porque desenvolvemos um amplo conhecimento sobre processos de negócios. A consultoria da PW foi uma das pioneiras na montagem de Centros de Serviços Compartilhados, e na criação de indicadores de *performance* de processos de negócios. Também desenvolvemos trabalhos de *benchmarking* procurando identificar as melhores práticas do mercado. A Reengenharia foi um caso em que fazer parte de uma organização global agregou muito valor ao grupo local. Havia "pensadores" e iniciativas em vários países (principalmente Estados Unidos e Europa Ocidental), e ter acesso a essas pessoas e às suas ideias contribuiu significativamente para que a consultoria local se destacasse no mercado.

Esse conhecimento de processos de negócios ajudou-nos muito a conquistar a liderança na implementação do SAP entre 1996 e 2000, quando o quadro de funcionários da consultoria triplicou em pouco tempo. O sucesso da SAP foi uma prova definitiva de que o *software* (principalmente o aplicativo de negócios) era o grande motor na transformação estratégica e organizacional das empresas. As consultorias foram extremamente beneficiadas pela introdução desse produto no mercado, ainda mais com as ameaças (nunca concretizadas) de que os antigos sistemas implementados nos anos anteriores não sobreviveriam ao ano 2000. Aqui, mais uma vez, estar integrado a uma prática global de serviços fez muita diferença: podíamos treinar nosso pessoal nos Estados Unidos, ou enviá-los para ganharem experiência em projetos na Europa, e rapidamente qualificá-los como consultores experientes em SAP. Recebíamos a visita de executivos da PW do exterior que tinham histórias interessantes para contar aos nossos clientes potenciais, e até ganhávamos alguns projetos simplesmente porque a matriz havia contratado a PW no seu país de origem.

Depois navegamos no *e-business*, onde acabamos obtendo mais ganhos institucionais do que materiais (o mercado pulverizou-se rapidamente, com muitas *startups* ocupando espaços e fragmentando as receitas). As grandes empresas de serviços e produtos da época foram pegas de surpresa pela onda da Internet: Microsoft, SAP, Accenture, PricewaterhouseCoopers, IBM, todos tentaram inicialmente aplicar ações e abordagens que tinham usado com sucesso em situações anteriores, mas a Internet representava uma revolução – e não uma evolução. Outras pessoas inteligentes, jovens, e impregnadas do espírito de aventura pela nova tecnologia, conseguiram enxergar possibilidades de produtos e serviços que rompiam completamente com os padrões vigentes de negócios. Com o tempo, as grandes empresas viriam a ter um papel mais relevante no mundo do *e-business*, mas nunca dominante, e conquistado à custa de muitos investimentos e aquisições.

Amargamos o "estouro" da bolha da Internet entre 2001 e 2002, quando o mercado deprimiu-se bastante, e o real perdeu muito valor diante do dólar, e também diante das incertezas geradas pela eleição presidencial de 2002. Foi justamente nessa época que a SEC (*Security Exchange Comission*, equivalente à nossa CVM – Comissão de Valores Mobiliários) recomendou que as empresas de auditoria aumentassem o seu grau de independência profissional reduzindo drasticamente as atividades de consultoria em suas empresas. Isso foi motivado – entre outros – pelo caso Enron, em que a SEC entendeu que conflitos de interesse tinham levado os auditores a serem complacentes em sua revisão dos números e dos livros da empresa. Para a PwC isso significava uma de duas alternativas – promover o IPO da sua Divisão de Consultoria, ou vendê-la.

No segundo semestre de 2002 fomos adquiridos pela IBM, que optou por essa aquisição como uma forma de ampliar significativamente a sua presença no mercado de serviços profissionais de tecnologia. Tratava-se da incorporação de 30 mil consultores em todo o mundo (10% do então quadro de funcionários da IBM), que tinham em seu currículo uma história de visão de negócios, uma boa reputação e grandes possibilidades de ampliar os relacionamentos da IBM com os executivos de seus clientes. Quando chegamos à IBM, o antigo embrião formado pela Result já havia se tornado um grupo de mais de mil consultores, atuando em toda a América do Sul.

Considero que, nesse momento – o da entrada na IBM –, encerra-se o ciclo Result. Do núcleo inicial já havia pessoas atuando em Consultoria Organizacional (na empresa Adigo), outros na concorrência, alguns em clientes, e os que ficaram na IBM seguiram diversos caminhos diferentes, pela variedade de oportunidades de carreira que uma organização como a IBM oferece. Alguns deixaram-na em busca de novos desafios, outros ficaram na empresa, mas foram trabalhar em outros países.

Creio que todos os que participaram daquela fase empreendedora da Result – como empresa independente e como veículo de crescimento da prática de consultoria da PricewaterhouseCoopers – vivenciaram experiências marcantes para suas carreiras profissionais e para suas vidas pessoais. De alguma forma "espalhamos" *intrapreneurs* por esse agora vasto mercado de tecnologia, e quando alguns de nós nos encontramos – independentemente de quantos anos tenham passado antes de cada encontro – conversamos como se a Result dos anos 1980 fosse algo ainda muito próximo de cada um de nós.

Na celebração dos 25 anos de fundação da Result, completados em 2008, conversei com algumas das pessoas que integravam o quadro de consultores na época, e debatemos sobre a "conspiração" positiva de fatos e fatores que nos ajudaram a criar um negócio de sucesso. Alguns dos pontos mais comentados pelo pessoal é que éramos quase todos jovens com menos de 30 anos, que acreditávamos na inovação tecnológica que tomava conta do mercado, a maioria com boa formação educacional, de classe média, e com uma visão de que nossas carreiras deslanchariam ao longo dos dez anos seguintes (ninguém pensava em ficar rico rapidamente, nem mesmo os sócios). E por isso não nos sentíamos intimidados diante de projetos desafiantes em clientes que "destruiriam" a nossa reputação e o nosso negócio se falhássemos no desenvolvimento daqueles sistemas, todos de grande complexidade técnica e funcional.

Entrevista

capítulo quatro

Adelson de Sousa

Presidente Executivo da IT Mídia S.A.

ADELSON DE SOUSA é empresário, com mais de 18 anos de atuação na área de mídia. Em 1991 trouxe para o Brasil a revista *Byte*, uma referência mundial na área de Tecnologia da Informação. Em 1996 obteve a licença da CMP Media para publicar no Brasil a revista *Computer Reseller News Brasil – CRN Brasil*, a primeira a focar o canal de distribuição de TI e Telecom, dando início à IT Mídia. A IT Mídia publica ainda a InformationWeek e é considerado um dos maiores grupos de mídia de negócios do País, com soluções que integram revistas impressas, portais e eventos nas áreas de Tecnologia da Informação, Saúde e Finanças.

▶ **A IT Mídia é uma empresa que – por força da natureza das suas atividades – tem levado ao mercado a mensagem de que é preciso inovar, colaborar, empreender. Como fica a questão do empreendedorismo na organização IT Mídia?**

Um dos meus grandes desafios, hoje, como presidente e fundador da companhia, é construir e estruturar a cultura empreendedora dentro da Organização. A IT Mídia é uma empresa jovem – tem 11 anos – é uma empresa muito empreendedora e inovadora, conectada com o conceito de empreendedorismo. Até agora, grande parte das nossas inovações e dos investimentos em novos negócios saiu da cabeça das principais lideranças da companhia: eu mesmo, e o Miguel (*Miguel Petrilli*). Ou seja, dos fundadores da IT Mídia. E isso foi suficiente para nos trazer até aqui, mas não será o bastante para nos levar daqui para adiante.

Mas não é fácil transformar o empreendedorismo em um valor da empresa, de tê-lo como um desejo, transformá-lo em realidade, em um processo. Há uma distância enorme. E o nosso negócio exige isso: trata-se de um negócio desafiado pelas novas tecnologias que são constantemente introduzidas no mercado. ◄

► **E o que vocês têm realizado para diminuir essa distância entre o empreendedorismo como ideia e o empreendedorismo na prática?**

Há cerca de 15 meses começamos na IT Mídia uma discussão estratégica, de crescimento, e nessa discussão ficou claro que se não tivéssemos dentro da empresa um processo de inovação bem construído, um processo de empreendedorismo amadurecido, muitas de nossas ideias sobre crescimento não seriam possíveis, porque dependeriam da determinação pela inovação e da coragem de empreender.

Começamos, então, a revisitar os nossos valores. Naquele momento, o empreendedorismo não estava nos nossos valores. Esse *mergulho* nos valores levou-nos não somente a introduzir o empreendedorismo como um dos valores-chave da companhia, mas também reconsiderar todo o conjunto de valores então em vigor. Saímos desse exercício com um novo conjunto de valores, em que o empreendedorismo se destaca.

E por que começar pelos valores? Se o empreendedorismo não fizer parte dos valores da companhia, imaginamos que será difícil incutir uma cultura empreendedora na organização. Aqui na IT Mídia as pessoas são avaliadas não somente pelos objetivos quantitativos... mantemos duas avaliações por ano, uma baseada nos objetivos negociados e alcançados – que impacta na remuneração variável –, e a outra que reflete o comportamento das pessoas perante os valores da companhia. E por isso precisávamos ter o empreendedorismo como um dos nossos valores.

Começa por aí a nossa caminhada...

A partir daquele momento, começamos a avaliar as pessoas pela atitude empreendedora. Mas ainda não chegamos ao ponto de ter uma cultura totalmente estabelecida. ◄

▶ **A partir da discussão dos valores e da introdução do empreendedorismo como um valor importante, inclusive presente na avaliação de desempenho, que outras ações foram desenvolvidas para tornar o time da IT Mídia mais empreendedor?**

Começamos a trabalhar na construção de um processo de inovação.

No final de 2007, contratamos serviços de uma empresa de consultoria para desenvolver esse processo de construção de inovação dentro da companhia. Contratamos a consultoria para garantirmos que haveria uma forma estruturada de conduzir os trabalhos.

Vamos concluir esse processo este ano (2009). Eu acredito que se você tiver um processo de inovação estruturado, as pessoas são levadas – de maneira também estruturada – a criar ideias inovadoras para a companhia, o que está absolutamente conectado com empreender.

O primeiro passo foi rever os valores, colocar o empreendedorismo como um valor da companhia e começar a observar o comportamento das pessoas em relação a isso.

Quando começamos esse movimento em 2007, alcançamos algumas coisas que queríamos, e outras que não imaginávamos. Quando falamos de processos de inovação e de valores – em especial quando trouxemos a consultoria –, acabamos entrando em uma terapia coletiva. E o que acabou ocorrendo é que isso trouxe uma mudança enorme na estruturação e na gestão do negócio. Para você ter uma ideia, nós éramos 120 pessoas, nosso *headcount* há um ano e meio atrás. Hoje somos 68. Foi só um processo de redução de custos? Não. Quando começamos a discutir tudo isso, começamos a avaliar o alinhamento das pessoas com os valores, com os processos que vínhamos construindo, e então surgiram várias *dores*. Ficou claro que havia coisas na companhia diferentes daquilo em que eu acreditava. E se nós acreditássemos que precisávamos trilhar o caminho da inovação e do crescimento, precisávamos mexer na estrutura para que isso ocorresse.

Começamos a fazer mudanças grandes na companhia, maiores do que a proposta original. E os resultados da empresa em 2008 foram os melhores da história da organização até hoje. Foi o nosso melhor EBITDA nos últimos 11 anos.

O segundo passo foi construir uma cultura de empreendedorismo por meio de um processo de inovação. ◀

▶ O que aconteceu depois desse passo inicial?

Ainda não envolvemos a companhia como um todo. Na prática, ainda temos um grupo restrito, portanto, o processo de inovação ainda não permeia a companhia como um todo. Somos uma empresa pequena, 68 pessoas trabalhando.

O que já estamos fazendo? Em 2008, selecionamos 20 pessoas com base em suas avaliações de desempenho, e trouxemos a Fundação Dom Cabral para um curso *in-company*, que desenhamos junto com a Fundação; algo muito usado nas grandes corporações, mas não em empresas do nosso tamanho. Essas 20 pessoas formaram quatro grupos de cinco pessoas, e ao longo do treinamento – que durou seis meses – eles precisariam apresentar um projeto para a IT Mídia.

Um novo produto, um novo serviço, algo diferente que trouxesse um impacto e gerasse resultado para a companhia. Foi um primeiro movimento importante no sentido de permear o empreendedorismo na nossa empresa.

Esse curso acabou em outubro de 2008, justamente quando estávamos desenvolvendo o plano de 2009, para que pudéssemos eventualmente considerar algumas das ideias no nosso planejamento. Das quatro ideias apresentadas, uma foi selecionada, e está no plano de 2009: trata-se de um novo produto que foi lançado pela IT Mídia. Não havia nenhuma predefinição de quantas ideias seriam selecionadas. Estávamos em busca de ideias viáveis.

Primeiro, transmitimos algum conhecimento para os grupos, depois eles trabalharam a ideia, construíram e analisaram a viabilidade econômica de um plano, viram quanto aquilo se aplicava no negócio da companhia, para, então, chegar ao ponto de propor a ideia para a Diretoria. E nós aprovamos e aplicamos a ideia, que é o MB Fórum – o fórum de *Middle Business*. Um trabalho muito bem-feito. Estamos fazendo um novo IT Fórum,[3] que é calcado no *Middle Business*.

O que tem de novo? Na forma como o grupo apresentou a ideia, ela ficou bem estruturada, e vimos que seria viável economicamente. Várias vezes já tínhamos discutido coisas parecidas, mas não de forma tão organizada como esse grupo apresentou.

O *bacana* desse novo produto é que ele vai buscar um novo nicho para a IT Mídia. Muitas empresas que são fornecedoras de produtos e serviços

---

3 Congresso que reúne os CIO's das maiores empresas do país, e que tem como patrocinadores os grandes fornecedores de produtos e serviços de TI.

de tecnologia, por serem menores, não conseguem estar hoje em um IT Fórum, por conta do investimento de patrocínio, porque se trata de uma oferta mais cara. Ou, então, essas empresas não têm solução para levar e competir com grandes fornecedores de tecnologia. Ou até têm, mas o seu cliente potencial presente no IT Fórum – que é uma grande empresa ou corporação – dará preferência a contratar um fornecedor de maior porte. Então, com essa ideia do MB Fórum, abrimos espaço para novos clientes para a nossa companhia, novos patrocinadores. Eu estou muito confiante.

Vemos essa experiência como um exemplo de intra-empreendedorismo: um projeto feito internamente por um grupo de cinco gerentes, selecionado pela liderança da IT Mídia, no qual estamos acreditando muito. ◄

▶ **E qual será a próxima etapa nesse processo de transformação da IT Mídia?**

Este ano de 2009 é muito importante para que concluamos esse processo de inovação. E em 2010 pretendemos trabalhar os indicadores, e uma comunicação melhor estruturada, permeando todas as camadas da empresa. Embora na liderança da companhia nós percebamos que os resultados da empresa melhoraram, nos times operacionais isso pode estar sendo visto de forma diferente: *eu trabalhava em uma companhia que tinha mais gente.* ◄

▶ **E você vai depender dos líderes que já estão engajados, que eles façam esse papel multiplicador, também.**

Neste ano estamos em um momento de construção com a Fundação Dom Cabral de um novo ciclo de treinamento para os gestores. E um dos grandes desafios que eles terão de trabalhar será como permear esses conceitos na empresa. Isso vai fazer parte do treinamento deles. Ainda não está pronto, mas eu coloquei para o pessoal da Fundação que está trabalhando conosco que o objetivo é conseguir a disseminação dos conceitos nos quais acreditamos. ◄

▶ **Analisar a questão do empreendedorismo e da inovação no caso da IT Mídia é interessante, porque a empresa foi criada em torno de um modelo – na época – revolucionário na forma de organizar e conduzir eventos para executivos. Sabemos que esse modelo vem sendo imitado há algum tempo, e que, portanto, é um desafio manter-se à frente dos concorrentes,**

e mostrar novidades que continuem atraindo os patrocinadores e os participantes depois de 11 anos...

Você manter algo que conquista, e na velocidade em que a gente conquistou, não é fácil. Até porque quando uma coisa dá muito certo, como você disse, logo aparecem cópias. Nós sempre trouxemos alguma evolução nos nossos eventos, mas há dois anos aconteceu algo diferente: o Miguel tinha acabado de ler o livro *Estratégia do Oceano Azul* e, animado com o livro, veio conversar comigo; eu achei a metodologia maravilhosa. Nós fizemos algo meio doméstico, dentro de casa: as pessoas leram o livro, discutimos a metodologia, analisamos toda a cadeia de valor da IT Mídia, a proposta de valor que tínhamos no nosso negócio, e então construímos algo totalmente inovador nos nossos eventos; algo revolucionário, de novo. Tanto que já estamos no terceiro ano dessa inovação, e isso proporcionou uma inflexão nos nossos eventos. Vínhamos em uma estabilidade que nos preocupava muito, porque quando você está em um momento estável, o risco de entrar em declínio é maior. Isso me preocupava demais. E as mudanças foram tão acertadas e tão fora dos padrões, que os nossos competidores – depois de três anos – ainda não conseguiram aplicá-las em seus próprios eventos.

Somos a primeira empresa de eventos – creio que no mundo – que tem um contrato de SLA (*Service Level Agreement* – acordo de níveis de serviços) com os clientes. Todos os nossos clientes – os patrocinadores dos nossos eventos – têm um contrato com níveis de serviço estabelecidos e penalidades. E o principal indicador é a qualidade e a quantidade de contatos que nós vamos gerar para os nossos clientes, contatos que ele vai transformar em oportunidades de negócios. A construção do SLA – por si só – representou uma ruptura: isso é comum em empresas de soluções de TI, empresas de serviços, mas não em uma empresa de mídia. A empresa de mídia não tangibiliza as coisas. E a gente disse que iria tangibilizar o investimento do nosso cliente. Eu vou gerar xis reuniões, e aqui está um contrato com níveis de serviço e penalidades, caso eu não consiga atingir essa meta.

Imagine para quem está do outro lado – um profissional de marketing ou de vendas –, ao avaliar um investimento de valor alto, a segurança que esse contrato oferece. Isso é um grande diferencial.

Outra mudança importante que fizemos – e isso foi apenas um entre 12 ou 15 itens alterados no modelo original de eventos – foi ter conseguido colocar no evento 40 clientes diferentes patrocinando, mais 120 executivos participantes, e organizar dezenas e dezenas de agendas, onde cada cliente fala de maneira individual, reservada, com seus *prospects* (*potenciais compradores de seus serviços ou produtos*). São as agendas um a um. Pode até parecer óbvio como ideia, mas gerenciar isso não é simples. Imagine 40 patrocinadores – fabricantes, prestadores de serviços – querendo falar com 120 empresas, ou 120 executivos diferentes; faça a conta de quantas agendas isso vai dar, em três dias de trabalho. Só para dar um número aproximado, são 1.200 reuniões diferentes agendadas em três dias.

Eu não fui o responsável por essa mudança, apenas possibilitei as condições para que isso ocorresse. ◄

▶ **A crise chegou de surpresa para todos. Eu e você estamos em indústrias – consultoria, mídia, relacionamento – que não podem se abater por isso, ao contrário, é preciso tentar construir alguma coisa nova. Como essa situação se insere nesse contexto? Por mais que as coisas melhorem, a crise parece que não será curta.**

Olha, Sergio, eu já vivi algumas crises. Nenhuma é igual à outra, mas o que todas as outras tinham em comum é que era menos difícil fazer uma projeção dos impactos. Passado o epicentro, aquela fase mais turbulenta, você começava a colocar em foco ações que eram relativamente confiáveis, que provocavam convergência entre os analistas de mercado, e você tinha confiança na forma como sairia da situação.

Esta crise é muito mais difícil de compreender. O epicentro foi mais longo, e nem sei se já acabou. Isso em si é algo muito preocupante. Estamos aí acreditando, muita gente acreditando que o pior já passou. Não sei, não estamos conseguindo analisar as coisas de forma adequada. Parece que há uma caixa de Pandora enorme nas mãos do Tesouro americano. E há notícias para as quais nós não sabemos antecipar os impactos. Imagine uma decisão do Governo americano de estatizar os bancos. Que tipo de crise de confiança isso vai gerar? Isso tudo para dizer, Sergio, que o momento é de uma insegurança enorme. Por conta da dificuldade de projetar o longo prazo. Segundo, como você disse, a gente vinha em um ritmo de crescimento acelerado, olhando lá na frente e, de repente, as coisas mudaram muito rápido.

Nós fizemos um plano muito cuidadoso para 2009, um crescimento pequeno, e com custos bastante menores. E o que ocorreu em janeiro e fevereiro... os nossos números estão sendo feitos! Mas eu não sei o próximo passo. Estou ao mesmo tempo confiante e preocupado.

Aí refletimos, estamos nesse processo de inovação, capacitação das pessoas, o que a gente deve fazer: parar tudo? A nossa decisão aqui foi não, mas também decidimos que não vamos simplesmente continuar gastando e acreditando. Cortamos alguns custos, mas não em investimentos como capacitação das pessoas, e não estamos cortando investimentos no projeto de inovação.

Apesar de tratar-se de investimentos relevantes, eu acredito que, se a crise for mais profunda, essas iniciativas vão nos ajudar mais adiante, em 2010. Porque nessa hora todo mundo faz cortes pensando no curto prazo. *Senta no caixa* e pensa só no resultado imediato. Sem curto prazo você não tem futuro, concordo. Pensando a curto prazo cortamos vários outros custos menos importantes, e não cortamos o que entendemos é crítico para o sucesso da empresa a longo prazo.

Você está hoje comigo, e amanhã será o *kick-off* de 2009, e o tema do *kick-off* é justamente empreendedorismo. E vamos trabalhar, inclusive, de uma forma lúdica com as pessoas: a importância do sonho, construir um plano para realizar esse sonho. A minha palestra será sobre a importância de sonhar e de acreditar que esse sonho tem uma aplicação no mundo real. E que você não deve somente construir um plano para esse sonho, mas envolver as pessoas para poder empreender esse plano. Seja na vida pessoal, profissional ou empresarial.

Eu espero que, em poucos anos, o empreendedorismo não seja somente um valor, mas uma cultura estabelecida dentro da IT Mídia, inclusive com indicadores adequadamente construídos para que possamos avaliar corretamente a contribuição das pessoas, seu comportamento como empreendedores, avaliar se a companhia está mantendo um ambiente propício para o empreendedorismo. E isso estará absolutamente inserido na remuneração das pessoas. Não é um processo simples, e eu ainda não tenho todas as respostas. ◄

parte dois

AS ORGANIZAÇÕES PRECISAM DE EMPREENDEDORES

Definindo Empreendedorismo Interno (*Intrapreneurship*)

capítulo um

> *"Quando ficar óbvio que as metas não poderão ser atingidas, não ajuste as metas, mas sim o plano de ação para atingi-las."*
>
> (Confucius)

O TERMO INTRAPRENEURSHIP surgiu justamente para definir o tipo ideal de funcionário ou gestor que as empresas do século XXI precisariam: alguém que agisse na sua função, ou na sua área de atuação, com uma cabeça de empresário. A partir das metas arrojadas que sua empresa com certeza definiria para crescer e aumentar a sua lucratividade, ele analisaria e avaliaria o que poderia desenvolver – ou mudar – nas atividades sob sua supervisão, coordenação ou execução, contribuindo significativamente para o atingimento dos resultados esperados.

Mais do que isso, esse profissional estaria sempre buscando novas melhorias, antecipando-se mesmo às necessidades da empresa. Uma pessoa motivada por alcançar objetivos desafiantes, por demonstrar que seu trabalho e o de seus colegas ou subordinados representava "a melhor prática" – uma combinação de eficiência (menor custo ou menor tempo) com eficácia (melhor resultado).

E por que agir dessa forma? Por várias razões: uma remuneração variável atraente em função dos resultados alcançados, a possibilidade de uma promoção, entusiasmo puro e simples para com a organização em que trabalha, crença de que o sucesso daquela empresa é fundamental para o seu bem-estar pessoal, assim como o bem-estar de seus entes queridos.

Adelson de Sousa, da IT Mídia, é um líder de negócios preocupado com essa questão:

> *"Um dos meus grandes desafios, hoje, como presidente e fundador da companhia, é construir e estruturar a cultura empreendedora dentro da organização. A IT Mídia é uma empresa jovem – tem 11 anos –, é uma empresa muito empreendedora e inovadora, conectada com o conceito de empreendedorismo. Até agora, grande parte das nossas inovações e dos investimentos em novos negócios saiu da cabeça das principais lideranças da companhia. Eu mesmo, e o Miguel (Miguel Petrilli). Ou seja, dos fundadores da IT Mídia. E isso foi suficiente para nos trazer até aqui, mas não será o bastante para nos levar daqui para adiante."*

Quanto mais avançamos no século XXI, menos romântica essa questão parece. Mais e mais tudo parece depender de um mecanismo de troca contínua entre empresa e funcionários, onde todos avaliam permanentemente se o esforço continua valendo a pena. A empresa, pressionada pelos acionistas, analistas e credores a buscar números mais relevantes, que alcem o preço das ações (ou os lucros) às alturas, precisa avaliar se a estrutura de pessoal necessita ser mexida ou reformulada. Os funcionários, pressionados por metas "desafiadoras" (para usar um termo mais ameno), devem analisar constantemente se conseguem sobreviver profissionalmente naquelas condições e realidade de mercado.

Avalia Luis Schiriak, da Votorantim:

> *"Às vezes, nosso pessoal poderia dar mais, você precisa despertar um pouco isso. Hoje em dia todas as organizações estão com muita pressão de custos. E talvez o caminho também devesse incluir encontrar novas fontes de receitas. Maximizar as linhas de negócios. Há conhecimentos internos que são valiosos para o mercado."*

Vivemos uma dura realidade no mundo pós-globalizado, mas, ao mesmo tempo, nunca geramos tanta riqueza, e nunca tivemos oportunidade de incluir com mais dignidade tantas pessoas no mercado de trabalho. Há um lado bom em tudo isso, e é sobre esse aspecto que devemos investir tempo e esforço, procurando eliminar – ou minimizar – os efeitos negativos que essa nova realidade proporciona.

Uma maneira de trabalhar positivamente e obter benefícios razoáveis com isso é tornar-se um *intrapreneur*: uma pessoa que considera o seu espaço na organização como o seu negócio, e estuda seriamente as formas de melhorar o que faz, e de contribuir para o sucesso da organização.

Lembro-me de uma história interessante a esse respeito, ainda da década de 1980 (quando o termo *intrapreneurship* nem era usado). Eu trabalhava como sócio da PricewaterhouseCoopers (nesse tipo de empresa, assim como em vários escritórios de advocacia, o profissional pode chegar a ser sócio da empresa que o contratou, literalmente se tornando um dos donos do negócio em que construiu a sua carreira, muitas vezes tendo iniciado como *trainee* ou estagiário). Justamente no curso de treinamento para novos *trainees*, havia um módulo sobre a carreira, em que se mostravam os requisitos, os prazos e as possibilidades de vir a tornar-se um sócio da companhia. Nesse módulo explicávamos que os sócios tinham cotas de capital da empresa, e que recebiam os dividendos dos lucros auferidos pelo desempenho da empresa no mercado. Nesse momento informávamos aos *trainees* que eles passavam a ser sócios do negócio naquele instante. Diante da surpresa e da dificuldade de entender aonde se queria chegar, explicávamos que eles acabavam de tornar-se sócios com *zero* cotas; que a única forma de aumentarem esse número de cotas algum dia seria começar a pensar e agir como um sócio, naquele instante. Várias discussões surgiam a partir dessa colocação, mas o fato é que um negócio não prospera se não puder contar com a inteligência, as habilidades e a motivação de todos os que possuem alguma responsabilidade bem definida por um pedacinho do que precisa ser feito.

Corroborando com essa ideia de sentir-se ou almejar tornar-se dono do negócio em que se trabalha, veja a abordagem da Rio Bravo Investimentos, nas palavras de Mário Fleck:

> *"Incentivamos os funcionários a se prepararem para tornarem-se sócios do negócio no futuro. Mostramos que a 'troca de cadeiras' faz parte da estratégia da empresa, e que por isso mesmo há grandes oportunidades para todos que estiverem dispostos a empreender e tentar contribuir para os resultados da Rio Bravo. Eles devem contribuir para o negócio, ser recompensados por isso, e em algum momento adquirirem uma parte do próprio negócio."*

Como diz Antonio Carlos Motta Guimarães, principal executivo da Syngenta na América Latina:

> *"Conseguimos fazer com que as pessoas – profissionais internos e distribuidores – percebessem que o negócio é delas, criado por elas. Conseguimos implementar a ideia. E temos a capacidade de execução."*

Contribuindo ainda mais para a importância de tornar-se um *intrapreneur* vale lembrar o fato de que cada vez mais as empresas terceirizam partes dos seus negócios para especialistas (pessoas ou outras empresas) que parecem ter a capacidade de executar as mesmas atividades de forma mais eficaz e com menores custos. No extremo talvez cheguemos à situação em que cada profissional será um empresário de si mesmo, administrando uma carreira solo em que "vende" suas habilidades em resolver problemas ou em criar oportunidades para os seus "clientes" – empresas em que trabalha (por pouco tempo ou por muitos anos). Algo como se todos nós fôssemos vistos como "terceiros", quando a sua qualificação e o resultado que você pode gerar é tudo o que importa (será que já não estamos lá?).

Essa percepção de que todos nós podemos vir a ser terceiros no mercado é saudável como base para uma melhor preparação pessoal pelo que vem à frente: assim como o *trainee* era instigado a pensar como sócio do negócio, é hora de cada um de nós pensar em como aumentar ou ampliar o seu valor profissional... O que você "está" (seu cargo na empresa) não importa... o importante é o que você "é" (independentemente do cargo ou da empresa em que você está). Conduzir a sua carreira como base no "ser" em vez do "estar" é uma mudança significativa, que exige repensar valores, comportamentos e relacionamentos.

A outra questão que não pode ser esquecida pelo *intrapreneur* é que o empreendimento ao qual está dedicado – sua carreira – deve durar seguramente mais de 20 anos (provavelmente em torno de 30 anos). Essa noção de tempo é fundamental, porque trabalhamos em um mercado que imagina que o longo prazo é tudo o que vai acontecer após três meses. Talvez para as metas das empresas isso faça algum sentido (confesso que não estou totalmente convencido disso), e é preciso levar em conta a expectativa do "nosso cliente" (a empresa em que trabalhamos) como parte dos nossos planos e ações. Mas, na prática, a hipótese de trabalharmos todo esse tempo na mesma empresa não é realista, principalmente nos tempos atuais, quando a expectativa de permanecer no mesmo emprego não passa de cinco anos.

Mais uma razão para construirmos um valor que independa da empresa em que estivermos no momento... a nossa *reputação*. Considero essa questão tão importante que decidi dedicar todo um capítulo para ela, como você verá adiante.

À reputação deve-se somar, também, a questão do relacionamento: o *intrapreneur* precisa desenvolver e cultivar uma boa gama de relacionamentos profissionais. Não somente de amizades, mas principalmente motivados pelo respeito profissional e pela credibilidade que seu trabalho e seu comportamento despertam nas demais pessoas. Trato os temas reputação e relacionamento em conjunto, como um dos pilares do *intrapreneur* de sucesso.

O Papel dos Processos de Negócios – Inovação, Oportunidades e Poder

capítulo dois

"O erro da natureza é a incompetência não doer."

(Millôr Fernandes)

As empresas começaram a enxergar os processos de negócios como um elemento importante da competitividade e da lucratividade no começo dos anos 1990: essa época marca o início da globalização dos mercados, o aumento da concorrência e a percepção de que havia muitos custos "ocultos" na forma como as organizações – até então menos preocupadas com esses novos fatos – executavam as suas atividades. O termo da moda era *Reengenharia*, mais precisamente *Reengenharia de Processos*, e o objetivo era cortar "gorduras" (leia-se gente demais) e simplificar a forma como as coisas eram feitas, o chamado conceito *lean* (que significa fino, ou magro).

A partir daí os processos de negócios passaram a ser analisados, medidos e comparados (*benchmarking*), e ganhou visibilidade o que se convencionou chamar de "melhores práticas" (*best practices*). As empresas que quisessem manter-se competitivas deveriam identificar e implementar as melhores práticas, ou, como ouvi algumas poucas vezes, "criar a melhor prática".

Mas os sistemas que suportavam esses processos ainda eram pouco integrados e pouco abrangentes, funcionalmente falando. Muitas atividades eram executadas de forma isolada, e apoiadas em sistemas simples, nem sempre seguros, e em planilhas (algumas destas sobrevivem até hoje).

Foi então que o ERP (*Enterprise Resource Planning System*) foi introduzido no mercado, justamente para integrar e automatizar os processos de negócios. Os sistemas ERP foram desenhados e desenvolvidos a partir de uma visão integrada das atividades de uma empresa, e que privilegiava a eficiência e a eficácia dessas atividades; os ERP's cobriam boa parte dos processos de negócios de uma empresa (até agora a promessa de cobrir "tudo" ainda não foi cumprida). O ERP substituiu a transformação organizacional por meio da Reengenharia, por outra, baseada na maior automação dos processos, e troca dos sistemas de informação até então dominantes.

Todo esse preâmbulo serve para dizer que a combinação desses dois movimentos – Reengenharia e ERP's – acabou gerando a necessidade de que os processos de negócios tivessem "donos" (*process owners*), que seriam responsáveis por buscar melhorias contínuas para esses processos. Muitas empresas adotaram a ideia de "comitês de processos", que deveriam avaliar eventuais demandas por mudanças e melhorias nos processos de negócios, e também estudar permanentemente como simplificar e tornar mais eficazes as atividades da organização.

Participar da governança e da definição dos processos de negócios de uma empresa pode ser visto como uma posição privilegiada em termos de influência, relacionamento e reconhecimento. Para o *intrapreneur*, os processos se constituem em uma das matérias-primas de suas iniciativas empreendedoras: quando dizemos que o *intrapreneur* é alguém que se antecipa às necessidades do negócio, e que busca a melhoria das atividades que executa, ou daquelas que estão sob a sua supervisão, significa que ele precisa transformar os processos que estão associados a essas atividades. O empreendedorismo interno é algo que sempre envolve processos – novos ou existentes. Uma nova forma de prestar um serviço embute novos processos e elimina outros; uma maior automação das atividades pode ser conseguida com melhores sistemas de informação, mas fatalmente vai exigir a reconfiguração dos processos existentes para lidar com esse novo nível de automação; inovação nos negócios é quase sempre sinônimo de transformação nos processos de negócios.

Ter poder ou influência sobre a "propriedade" dos processos não é um requisito para empreender, mas ajuda o *intrapreneur* a levar adiante as suas ideias, pelo "poder" que confere ao "dono" do processo. Vejamos dois exemplos:

Primeiramente, uma empresa que trata como estratégico a questão do relacionamento direto com o cliente. Esse tipo de empresa costuma delegar a liderança de seus processos de vendas e de relacionamento para o pessoal comercial, que está na "linha de frente" do mercado. Nesse caso, podemos esperar um grau de flexibilidade maior na forma de executar as operações da empresa, uma vez que – com o objetivo de ganhar a venda e atender da melhor forma possível o cliente – os líderes dos processos estarão dispostos a romper com os padrões, e mesmo com as limitações dos sistemas que suportam as operações da companhia. Essa atitude aumenta os riscos (conscientemente ou não) dos negócios, mas cria oportunidades que podem ajudar a obter maior fatia de mercado.

Para outras empresas – mais focadas em controles e padrões – a liderança dos processos é transferida para o que se convenciona chamar de *back office* – a turma que não costuma chegar perto do cliente –, cuja missão é garantir que o pessoal da "linha de frente" aja dentro do previsto, e de acordo com os padrões estabelecidos. Isso caracteriza as empresas mais inflexíveis no trato comercial de seus produtos e serviços, que evitam riscos (o que lhes dá certa estabilidade no curto prazo) e utilizam sistemas bastante inflexíveis, cheios de níveis de autorização; eventualmente acabam por criar uma imagem *paquidérmica*; mais que isso, essa ênfase em processos de controle pode acabar inibindo a iniciativa de alguns profissionais, que preferem não "inventar" muito para evitar problemas.

O objetivo aqui não é apoiar um caso e rejeitar o outro: há situações e negócios que requerem maior ou menor flexibilidade no trato de suas operações. O importante é perceber como a balança do poder muda com a distribuição da responsabilidade pelos processos de negócios. Nos exemplos anteriores, ser um *intrapreneur* em uma área comercial que tem autonomia para definir como trabalhar requer uma atitude diferente quando comparado a ser um *intrapreneur* em uma área comercial com baixa capacidade de mudar a forma como as suas atividades são executadas. Mas em ambos os casos há espaço para a inovação e para a exploração de oportunidades: um *intrapreneur* caracteriza-se pela visão de melhorias no negócio e pela vontade de implementar essas melhorias. Se em último caso eles não lhe derem ouvidos, ou não o deixarem expor suas ideias, haverá sempre outras organizações no mercado dispostas a fazê-lo.

Profissionais com motivação e iniciativa para tornarem-se *intrapreneurs* em suas organizações devem preocupar-se bastante com a questão dos processos de negócios. Há vasta literatura sobre esse assunto, e muitas ideias e experiências podem ser estudadas a partir dessas referências. Dentro do tema "processos de negócios", uma questão que merece do *intrapreneur* um entendimento mais profundo e uma investigação mais abrangente é o da "maturidade" dos processos: desde meados dos anos 1990 que consultores e analistas vêm desenvolvendo modelos de maturidade dos processos. Normalmente apresentados em uma escala de 1 a 5 (em que 5 é a "melhor prática"), esses modelos mostram as diversas formas (ou níveis de maturidade) em que um mesmo processo de negócios pode ser executado por uma organização. Esses modelos servem tanto para identificar em que "nível de maturidade" a organização se encontra quanto para ajudar a planejar as ações que levarão a organização ao nível de maturidade desejado.

Embora à primeira vista possa parecer que todos deveriam perseguir o nível máximo de maturidade, a prática mostra que isso nem sempre é a melhor solução. Por razões de custos (níveis mais sofisticados de processos podem implicar maiores custos administrativos), por razões culturais, pelas características do ambiente do mercado em que se está inserido, e até por falta de tecnologias que suportem as mudanças necessárias.

E aí entra a visão e a inteligência do *intrapreneur*: ele avalia as possibilidades e as práticas de mercado, verifica o grau de maturidade em que sua organização atua, e vislumbra e define o que parece ser o melhor para a empresa nesse momento, ainda que não seja o "ideal" (que, dizem, é o pior inimigo do "bom").

A grande maioria dos líderes de negócios – empresários e executivos da alta administração – tem dificuldades para definir como melhorar os processos de negócios, por estarem distantes dos detalhes na maior parte do tempo. Esses líderes precisam que empreendedores internos percebam os problemas e as oportunidades, e sugiram – ou mesmo implementem por conta própria – as mudanças de processos que farão a organização amadurecer e aumentar a sua competitividade.

Veja o pensamento de Adelson de Sousa, da IT Mídia, sobre como organizar essa iniciativa:

> *"Começamos a trabalhar a construção de um processo de inovação.*
>
> *No final de 2007 contratamos serviços de uma empresa de consultoria para desenvolver esse processo de construção de inovação dentro da companhia.*

Contratamos a consultoria para garantirmos que haveria uma forma estruturada de conduzir os trabalhos.

Vamos concluir esse processo este ano (2009). Eu acredito que se você tiver um processo de inovação estruturado, as pessoas são levadas – de maneira também estruturada – a criar ideias inovadoras para a companhia, o que está absolutamente conectado com empreender."

O *intrapreneur*, necessariamente, está envolvido com uma parte dos processos de sua organização.

Se Você Foi Recém-contratado pela Empresa, Empreenda... mas Tenha Cuidado!

capítulo três

> *"O meio mais rápido de ter sucesso é parecer que você joga pelas regras de outra pessoa, enquanto de forma imperceptível está jogando pelas suas próprias regras."*
>
> (Michael Korda)

"SABE AQUELE CARA QUE passou pouco mais de um ano conosco, que desde o início parecia arrogante, e que todos achavam que não valorizava nosso modelo e nossa cultura? Depois que ele foi despedido, nunca mais ouvi falar dele, até recentemente, quando descobri que ele conseguiu recolocar-se na concorrência... e bem! Aparentemente está ocupando um cargo relativamente mais alto do que tinha na nossa organização, e que – você sabe – requer iniciativa e certa habilidade política para manter-se na posição. Isso sim é uma surpresa!"

Soa familiar? Acontece seguidamente no mercado. Com uma frequência digna de nota, várias vezes um profissional recém-contratado e pouco depois dispensado "por não se encaixar bem" se destaca em um novo emprego, deixando seu empregador anterior com "a pulga atrás da orelha" sobre o que teria realmente acontecido para ocorrer essa mudança.

Junte-se a isso o fato de que várias pesquisas realizadas com CEO's nos últimos anos indicam claramente que um dos grandes problemas das empresas é "popular" o seu organograma com profissionais que tenham talento para executar as atividades que darão suporte à estratégia empresarial e à eterna busca pela diferenciação. Se já é difícil recrutar um talento no mercado, é prudente identificar e preservar os seus próprios talentos, porque estes já estão dentro de casa.

E de repente descobrir que "abriu-se mão" de um bom profissional, justamente por não perceber o seu potencial, é duro.

Uma das possíveis razões para que a mudança de emprego do profissional tenha sido benéfica (para ele) é a lição aprendida do caso anterior de que é preciso "ir mais devagar" no novo emprego, para não assustar o pessoal que "domina" a organização.

Se uma empresa compreende que precisa explorar melhor o potencial de seus profissionais – antigos ou novos –, e despertar o empreendedorismo que existe latente em muitos deles, é preciso criar um bom clima de colaboração interna, incentivar que chefes conheçam melhor seus subordinados, conversem mais com eles, e tentem descobrir se não estão trabalhando abaixo de suas capacidades, e o porquê disso.

Uma das situações mais comuns ocorre nas empresas que já possuem certa tradição (vários anos de mercado), e que formaram – muitas vezes inconscientemente – um "feudo" que cria uma barreira de entrada para os novos talentos. A organização reconhece suas fraquezas, entende que precisa de novos perfis para complementar sua capacidade, mas esquece disso rapidamente após encontrar e contratar o profissional, "maquiando" o problema como sendo da dificuldade de integração do novato, que aparentemente não aceita ou não compreende a cultura vigente. Quando começa a emitir suas opiniões, o novo contratado já está assinando sua sentença: pensando que está justamente exercendo o papel para o qual foi contratado (trazer uma nova visão ou uma nova experiência), ele é visto como alguém arrogante, que despreza o que já foi alcançado pelo pessoal interno em anos de intenso e dedicado trabalho. O novato não tarda a perceber, também, que aparentemente vigora um clima de tolerância entre os "antigos" que não se aplica ao seu caso: ele ainda precisa "se provar", ou seja, mostrar que tem as qualidades para "fazer parte do grupo".

Luis Schiriak, da Votorantim, reconhece que essa foi uma questão com que o Grupo precisou lidar, e teve sucesso nessa iniciativa:

> "O Grupo valorizava muito a confiança nas pessoas. Com a maior centralização dos negócios – há cerca de quatro anos –, cresceu a ideia de que seria interessante manter um balanço entre pessoas com experiência e carreira no Grupo, e outras que haviam construído seu conhecimento e capacidade no mercado, e que também teriam algo a agregar aos negócios em função dessa experiência."

Para o novato na empresa, candidato a *intrapreneur*, a recomendação é utilizar o que um profissional de *coaching* uma vez me explicou como o "efeito Gorbachev": ele deve falar pouco no começo, ouvir muito, passar uma imagem de que está encantado em participar daquele grupo tão especial, para poder conquistar a confiança e ganhar autonomia; e aí, na hora certa, ele "explode com tudo", como Gorbachev fez com o regime comunista quando chegou ao cargo de Premier. De alguma forma Gorbachev deixou claro que nunca acreditou nos princípios que nortearam a União Soviética, e que percebeu que a única forma de mudar isso seria a de esperar pacientemente (no caso dele, muitos anos) o momento adequado, fazendo o jogo político nesse meio tempo, para manter-se pronto e capacitado quando a hora chegasse.

Lendo assim, de forma resumida, pode parecer hipocrisia, ou covardia até (quanta gente orgulha-se de "dizer o que pensa" sempre), mas há uma razão estratégica para essa abordagem: o negócio no qual o novato *intrapreneur* decidiu apostar não é ruim, tem uma história de sucesso, e justamente por isso o profissional resolveu candidatar-se ao cargo (mudando a sua carreira) e entendeu que a oportunidade valia a pena. Portanto, há vários fatores positivos sobre a nova empresa a serem considerados. Essa dificuldade de aceitar o novo ou a cultura de desconfiar de quem não construiu sua carreira no "feudo" interno são desafios a serem vencidos, porque há um bom negócio por trás disso que pode ficar ainda melhor. Mas é preciso paciência. E devo admitir que não seja fácil cultivar essa paciência no competitivo ambiente de negócios que vivemos atualmente.

Mas nesses muitos anos de mercado, já assisti a profissionais aparentemente *low profile* chegarem à Presidência de empresas onde os palpites para preenchimento do cargo giravam em torno de outros nomes – profissionais bem articulados, parte do grupo "tradicional", que iniciavam cada dia de trabalho pensando somente "naquilo" (ser presidente, que fique claro).

Mas é preciso reconhecer, também, que várias empresas deixaram escapar talentos não facilmente substituíveis, que acabaram encontrando sua oportunidade até em concorrentes, e que motivaram a inclusão deste capítulo no livro.

Para o *intrapreneur* fica a recomendação de que o empreendedorismo também exige a elaboração de uma estratégia pessoal de como empreender no ambiente em que se trabalha. Não se deve iludir com a ideia de que a vontade de empreender e a dedicação e o interesse demonstrados sejam um passaporte para o crescimento profissional e o reconhecimento do talento: eles são requisitos, sim, mas não suficientes. Empreender significa – entre outras coisas – inovar, e as pessoas – principalmente aquelas bem colocadas profissionalmente – são muito cautelosas com a inovação (apesar de o seu discurso indicar o contrário); elas sempre querem entender como aquela novidade irá afetá-las, antes de apoiar a ideia.

Empreendedorismo interno exige planejamento, habilidade política, construção de uma rede de suporte às suas ideias, flexibilidade para recuar um pouco ou ceder parcialmente, compartilhamento do sucesso.

Mas veja a situação positivamente: é justamente essa dificuldade de inovar, e essa inércia em aceitar formas diferentes de enxergar o mercado por parte de quem já está nele, que abriram oportunidades para que outras pessoas criassem seus próprios negócios, competissem, e até tomassem o espaço dos antigos líderes de mercado. Essa é a história das organizações. E por isso existem tão poucas empresas centenárias – mais cedo ou mais tarde a miopia se impõe, e isso abre caminho para que outras organizações mais competentes (pelo menos a partir daquele momento) aproveitem a oportunidade para tomar o mercado, ou simplesmente tornar obsoletos os produtos e serviços existentes, criando uma situação sem volta para quem "dormiu no ponto". E é provável que alguns dos talentos "incompreendidos" de antes, estejam do outro lado, agora.

capítulo quatro

Entrevista

Luis Felipe Schiriak
CFO da Votorantim Industrial

LUIS FELIPE SCHIRIAK é Diretor Financeiro da Votorantim Industrial S.A., holding do Grupo Industrial Votorantim, um dos maiores grupos brasileiros com operações em cimento, papel e celulose, metais, agroindústria e produtos químicos.

Anteriormente se desempenhou como Vice-Presidente de Finanças da BCP Telecomunicações S/A (2001-2003), controlada pelos Grupos Safra e Bell South, subsequentemente vendida à Telecom América.

Foi Diretor Financeiro (CFO) do Grupo C&A (1995-2000).

Também ocupou diversas posições financeiras na Schlumberger Ltd., na Venezuela, na Indonésia e na França.

Trabalhou sete anos em auditoria externa na Ernst & Young (Rio de Janeiro e Hartford – Connecticut – EUA)

É formado em Ciências Contábeis pela Universidade de Buenos Aires (Argentina) e participou de diversos cursos internacionais na área financeira.

▶ **Quando você foi convidado a trabalhar no Grupo Votorantim como CFO da VID (Votorantim Industrial), o Grupo estava em um momento de grande transformação...**

É verdade. Até dezembro de 2003 as companhias do Grupo eram completamente independentes. Nos anos de 2004 e 2005 fizemos um grande esforço para obter sinergias. Por exemplo, antes disso, cada unidade negociava seu próprio contrato com a Petrobras, um de nossos principais fornecedores. Criamos então o SGV – Sistema de Gestão Votorantim – que englobava diferentes áreas como logística, finanças, tecnologia. Essa iniciativa representou uma economia calculada em mais de R$ 2 bilhões para o Grupo.

A Votorantim, ao optar por uma maior centralização na gestão dos negócios, também queria criar uma identidade para o Grupo. Antes disso, o Grupo era um conglomerado – produzia cimento, zinco, níquel, suco de laranja, entre outros – e cada unidade era dirigida por um acionista.

Muito embora os valores mais importantes do Grupo – como ética e seriedade – venham permeando as operações desde sempre, questões como empreendedorismo, no modelo anterior, ainda eram tratadas de forma limitada. O Grupo valorizava muito a confiança nas pessoas. Com a maior centralização dos negócios – há cerca de quatro anos –, cresceu a ideia de que seria interessante manter um balanço entre pessoas com experiência e carreira no Grupo, e outras que haviam construído seu conhecimento e capacidade no mercado, e que também teriam algo a agregar aos negócios em função dessa experiência. Até hoje brincamos com a ideia de que temos os "forasteiros" que entraram no Grupo Votorantim, e os "fiéis", que sempre estiveram aqui.

E como criar uma identidade? Como ir ao Peru explicar o que é o Grupo Votorantim? E não o que é a Votorantim Metais, ou pior, a Votorantim Zinco? Os americanos, por exemplo (*a Votorantim comprou empresas nos Estados Unidos*), ficaram muito impressionados com a organização do Grupo, com a sua capacidade. O mesmo para os japoneses.

Seriedade e responsabilidade sempre foram valorizados pelo Grupo Votorantim, mas empreendedorismo e união – não que não existissem – passaram a ser vistos como parte do "credo" do Grupo quando essa mudança ocorreu. Nesse novo modelo, é preciso identificar-se com o Grupo, e não somente com o negócio específico em que se está alocado. Amanhã, o profissional pode estar em outra área. Essas transferências, por sinal, têm dado bons resultados. ◄

▶ **Em artigos e mesmo neste livro, eu comentei que um dos perfis empreendedores é aquele que possui uma visão multidisciplinar. Essa visão pode ter**

sido obtida trabalhando em várias empresas, ou em diversas funções de um mesmo grupo empresarial. Vocês praticam isso aqui na Votorantim?

Sim, e isso é até uma vantagem na hora de um recrutamento: o profissional vê a possibilidade de conhecer ou até participar de vários negócios diferentes, e ampliar suas perspectivas de carreira e de ganhos de conhecimento. ◄

Vocês costumam mover as pessoas entre os negócios?

Depois da consolidação do Grupo, essa política passou a ser aplicada. Isso não ocorria antes. Estamos movimentando as pessoas não somente entre as unidades, mas também entre os países. ◄

► **Imagino que as aquisições de empresas em outros países demandem algum tipo de empreendedorismo para realizar o benefício esperado com a aquisição... para que a absorção daquele novo negócio funcione...**

Nosso objetivo é replicar nos demais países o nosso modelo de negócios, o Sistema de Gestão Votorantim (SGV) que é simples: commodities, integração dos recursos naturais com a transformação industrial e com o processo de vendas. Nós não podemos nos diferenciar pelos produtos, que são commodities que podem ser obtidas em vários outros lugares, tentamos nos diferenciar pelo custo. Por exemplo, alguns negócios geram subprodutos – um lago de rejeitos do processo de transformação pode eventualmente ter alguma aplicação... é preciso estudar, pensar. A cultura do Grupo é como maximizar os negócios e reduzir os custos, e ao mesmo tempo sermos criativos. ◄

► **Sobre a expansão global da Votorantim, vocês mandaram gente do Brasil para todos os lugares ...**

Sim, mas o nosso objetivo é enviar o mínimo possível de pessoal.

Quando começamos – o primeiro país foi o Canadá –, encontrou-se uma grande oportunidade. A América do Norte avançou muito em determinados segmentos, como tecnologia, mas na indústria de base ficou atrás de países como o Brasil. Quando nosso pessoal chegou lá, viu um potencial fabuloso ao comparar a eficiência das plantas de lá com as daqui, por exemplo. Pensamos assim: vamos mandar 30 brasileiros para cada fábrica, para criarem uma "réplica" do que existe aqui. Não deu muito certo. Você não pode ignorar as barreiras culturais: proteções trabalhistas fortes, a dificuldade do idioma, supervisores acostumados ao ritmo daqui... houve alguns problemas. Passamos, então, a desenvolver talentos locais. Enviamos um mínimo de expatriados. Começamos a trazer pessoas dos países para o Brasil, por até dois anos, para conhecerem o modelo Votorantim. ◄

▶ **E como se identificam esses talentos locais?**

Escolhemos companhias que já possuíam bons talentos. Na Argentina e no Peru, por exemplo. Essas companhias já tinham um bom grau de eficiência. No caso do Peru, a gestão anterior era de canadenses, que não podiam dedicar-se muito à operação, e pouco integrados com a equipe local. Logo na primeira semana depois da aquisição, eu estive lá, e mostraram-me que no refeitório havia uma parede: de um lado almoçavam os peruanos, de outro os canadenses. A nossa gerência mandou imediatamente derrubar a parede e fazer com que todos almoçassem juntos. Parece uma bobagem, mas o fato de que colegas brasileiros – ainda que alguns de terno e gravata – sentassem entre os peruanos para conhecê-los, permitiu criar um ambiente de integração muito rapidamente. Você hoje visita as instalações do Peru ou da Argentina e percebe que está na Votorantim. Nós passamos o conceito de empreendedorismo do Grupo em todos os lugares onde atuamos. Está no DNA da organização. ◄

▶ **Vocês têm no RH da organização algum processo mais específico de recrutamento desses talentos?**

Criamos um novo programa nos últimos dois anos, que é o programa dos *trainees*, com o objetivo de encontrar novos talentos com o perfil que o Grupo precisa, inclusive o perfil empreendedor.

Também estabelecemos os princípios de identidade do Grupo: SEREU – Seriedade, Ética, Responsabilidade, Empreendedorismo, União. A questão da confiança permanece, mas a meritocracia ganhou seu espaço na Votorantim.

Esse é o motor do Grupo. O "E" de empreendedorismo significa procurar iniciativas que permitam melhorar os resultados e contribuir para o modelo de baixo custo que precisamos perseguir para mantermos a competitividade nos mercados internacionais.

Às vezes possuímos nas empresas recursos ou ativos dos quais não reconhecemos o valor ou o potencial. Nas nossas mãos não têm um valor comercial, um valor de geração de receitas; mas nas mãos de um terceiro, esse potencial pode ser realizado, e podemos nos beneficiar disso. ◄

▶ **Você pode dar alguns exemplos de aproveitamento desse potencial interno?**

Antes da consolidação, cada unidade de negócio tinha autonomia para determinar onde pagar o salário dos funcionários. Essas decisões eram tomadas com base em relacionamentos locais com as instituições financeiras. Mas o Votorantim é um grupo com mais de 30 mil funcionários, com uma média salarial representativa. Eu, que tive uma experiência profissional anterior na telefonia celular, sei quanto custa adquirir um novo cliente. E, pensamos, por que não colocar toda a folha de pagamento em um único banco? Isso facilitaria a nossa vida. A ideia veio em conjunto com a criação do Centro de Serviços Compartilhados (*o CSC, para produzir ganhos de escala na prestação dos serviços administrativos*), e com a implementação de um único ERP para todo o Grupo. O CSC precisava gerar sete ou oito arquivos de transferência para pagamentos quinzenais. A centralização em um único banco simplificaria o trabalho e aumentaria a segurança das informações. E pensamos, um banco gostaria muito de adquirir todos esses clientes de uma vez, mais seus dependentes, cartões de crédito. Quanto valeria isso para um banco?

No início houve resistência de algumas unidades: em algumas cidades – por exemplo, onde havia uma planta do Grupo – uma agência bancária perder as contas dos funcionários da Votorantim representava um impacto negativo importante, e isso com certeza deve ter gerado problemas políticos e algum desconforto para o pessoal local.

Decidimos fazer uma licitação para que os bancos manifestassem seu interesse em centralizar os pagamentos da folha do Grupo Votorantim, e indicassem que benefícios ofereceriam para ficar com todas essas contas-salário. Naquela época, com amplas perspectivas de crescimento para o mercado no Brasil e no mundo, nós vendemos a folha, com um contrato de cinco anos. E o negócio também foi bom para os funcionários: negociamos uma cesta de serviços, como tarifa zero na conta-corrente, cartão de crédito para o funcionário e seus dependentes sem anuidade, enfim, serviços bancários a preços mais atraentes do que os funcionários já pagavam em seus bancos anteriores, e seguramente melhores do que eles poderiam conseguir por conta própria se fossem abrir uma nova conta.

A área financeira do Grupo procura mostrar que esse tipo de potencial de negócios deve ser explorado em benefício do Grupo, de seus funcionários, e até dos participantes da cadeia de valor.

Nós temos um Centro de Serviços Compartilhados que atende todo o Grupo Industrial, que é um centro de custos. A experiência mostra que as unidades economizaram mais de 20% ao passar suas funções contábeis para o CSC. Quando essas funções eram administradas pelas próprias unidades, era mais difícil reduzir esses custos.

Então começamos a procurar ideias para reduzir o nosso próprio custo (*do CSC*). Por que não pensar em gerar receitas a partir do CSC? É uma organização que reduziu os custos administrativos para o Grupo, e qualquer receita pode representar uma economia significativa.

Por exemplo, os fornecedores da Votorantim. Na nossa mão, trata-se apenas de um centro de custos e dos processos de contas a pagar. Alguns bem complexos. A Votorantim Cimentos utiliza entre três e quatro mil caminhoneiros independentes, porque o Brasil é um país muito grande, e muito "atomizado". Um caminhão custa caro, e o motorista precisa trabalhar muitas horas para pagá-lo e ainda sustentar sua família.

Reconhecemos que na questão de pagamentos, os bancos possuem tecnologia muito superior à nossa. Os sistemas de pagamento dos bancos permitem que a empresa que usa esses serviços tenha uma visão atualizada e constante da situação de seus boletos de cobrança a qualquer momento. Nós então fizemos uma parceria com um banco, que praticamente se tornou o nosso contas a pagar. O banco sabe qual o volume de pagamentos do Grupo Votorantim que está no mercado. A maioria dos nossos fornecedores é formada por empresas médias, e até pequenas em alguns casos. Ou seja, o *rating* de crédito dessas empresas é mais baixo do que o da Votorantim. Nós informamos para o banco o valor aprovado para aquisições de cada fornecedor, e o banco sabe quanto está sendo cobrado por cada fornecedor. Ou seja, o risco de concessão de crédito que o banco possa oferecer para esse conjunto de empresas é muito menor, em função dessas informações. O banco pode, então, oferecer linhas de crédito mais atraentes para esses fornecedores. E nós, do Grupo Votorantim, detemos uma informação valiosa para o banco. Criamos, então, um tipo de *joint venture* com o banco, onde participamos dos ganhos obtidos com essa concessão de crédito. Para nós funciona como uma aplicação de renda fixa, que nos garante uma receita proporcional aos juros de mercado, e isso nos permite reduzir o custo dos serviços do CSC para as unidades.

E estamos sempre buscando oportunidades. Os caminhoneiros, por exemplo: hoje esse pessoal consome muitos serviços – seguros, leasing. A área industrial do Grupo procura mostrar ao Banco Votorantim as necessidades de seus fornecedores, para tentar alavancar mais negócios. A Votorantim Cimentos tem como clientes pequenas lojas de material de construção; procuramos abrir um canal para que o Banco Votorantim ofereça financiamentos para essas empresas. Ou seja, estamos sempre tentando avaliar se uma área de negócios pode gerar oportunidades para outras áreas de atuação do Grupo.

Às vezes, nosso pessoal poderia dar mais, você precisa despertar um pouco isso. Hoje em dia todas as organizações estão com muita pressão de custos. E talvez o caminho também devesse incluir encontrar novas fontes de receitas. Maximizar as linhas de negócios. Há conhecimentos internos que são valiosos para o mercado. ◄

▶ **Imagine uma pessoa no nível bem operacional, e que vê oportunidades de empreendedorismo, ele tem caminhos fáceis para levar a sua ideia à frente?**

Isso está mais descentralizado, em cada unidade. Não é a mesma coisa na celulose e na laranja. Eles desenvolveram um sistema de sugestões (na VCP isso produziu mais de cinco mil ideias). E existe uma premiação em dinheiro para isso. Se a ideia for implementada e o ganho comprovado, existe uma participação. Se o funcionário vier com uma ideia revolucionária para produzir celulose, ele pode ficar milionário!

Em finanças eu tento aplicar essa mesma ideia. Temos encontrado alguns nichos, em contas a receber, em contas a pagar, a folha, em impostos. ◄

▶ **Você comentou uma vez comigo que o Grupo estava desenvolvendo uma "Universidade" para seus funcionários... isso também se encaixa nessa linha?**

Sem dúvida. Chama-se Academia Votorantim. Antes cada unidade desenvolvia seus treinamentos ou enviava pessoal para fazer cursos fora.

Alguns treinamentos não eram relevantes para as necessidades do negócio. O nosso pessoal de RH, com a consultoria de universidades como a FGV e a USP, desenvolveu essa academia, buscando entender as necessidades comuns de treinamento, e criando um currículo que englobasse as necessidades do Grupo – formação de times, liderança etc. Mesmo temas mais específicos – como geologia e manutenção – foram reestruturados. ◄

▶ **Aproveitando que estamos em plena crise econômica mundial. Estávamos falando de empreendedorismo, de motivação, qual a sua visão sobre o efeito dessa crise em todas as coisas sobre as quais estamos conversando?**

Nesse momento só temos notícias ruins. Você lê o jornal ou consulta a Internet, e é bombardeado. E não há como se isolar. E veja que no Brasil a situação ainda está um pouco melhor do que em outros lugares!

Isso afeta um pouco esse espírito empreendedor. A crise impacta diretamente as necessidades básicas das pessoas e de suas famílias. A perda do emprego é algo extremamente preocupante. Mas é preciso transformar esse ambiente negativo em algo positivo. Historicamente, os grandes inventos surgiram em função de necessidades. Hoje a pressão por custos é enorme. A gente tenta manter o pessoal motivado. Com os preços caindo e a restrição no crédito, temos de adequar a nossa estrutura para a realidade do mercado. E o Grupo é conhecido pelas agências de *rating* por sua velocidade de reação. A proximidade entre o acionista e o negócio sempre permitiu uma reação rápida. Agora, nosso objetivo é tentar evitar a perda de talentos, que representou um investimento grande para a companhia. Cada profissional representa um custo importante para a Votorantim, não somente pelo seu próprio custo direto, mas também pelo tempo dedicado por outros para ajudá-lo na formação adequada requerida pelo negócio. Se for possível cortar custos sem cortar pessoas, você mantém o seu time pronto para quando o mercado voltar a crescer, o que é muito melhor. ◄

parte três

FORMAS DE EMPREENDER

Dois Perfis: o Generalista e o Especialista

"Qualquer pergunta fundamental envolve mais que uma área de conhecimento."

(Daniel Piza)

UMA DECISÃO EXTREMAMENTE importante que todos precisamos tomar pelo menos uma vez na vida, é se vamos orientar nossa carreira pela *especialização* – em alguma tecnologia, métodos que requerem conhecimentos específicos, um ou mais temas complexos (que poucos conseguem ou se dispõem a entender, como os meandros regulatórios e fiscais, por exemplo) – ou pela *visão generalista* – saber pouco sobre muito, apostar mais na capacidade de gerenciar e coordenar (operações, pessoas), confiar na sua visão estratégica.

Colocando-se o mercado em perspectiva, parece, à primeira vista, que os *generalistas* conseguem melhores resultados: eles, em geral, ocupam os cargos executivos das empresas, onde os salários e os benefícios – em alguns casos – costumam ser até ofensivos para os simples mortais. Mas uma pesquisa mais cuidadosa em um espectro mais amplo de atividades vai revelar um volume de histórias de sucesso igualmente importante no ramo dos *especialistas*, principalmente quando conseguem transformar sua especialização no próprio produto ou serviço que "vendem".

Veja a opinião de Ricardo Pelegrini, Presidente da IBM no Brasil:

"O conceito que eu sempre utilizei, e que procuro passar para as pessoas, é que não basta uma visão 'horizontal' das coisas, um conhecimento geral, somente. Você precisa conhecer algo em profundidade. Algo que seja a

sua âncora: pode ser um produto, uma indústria, uma linha de ofertas, um tipo de necessidade de negócios, uma subsegmentação dentro da indústria, mas você deve demonstrar conteúdo."

Quando há uma grande procura por *generalistas* no mercado, em detrimento dos *especialistas*, é porque a pressão por resultados no curto prazo cresceu muito: quando todo o esforço se volta para atingir uma meta em menos de três meses, não é o requinte técnico ou o profundo conhecimento que vai pesar mais; é a capacidade de "torcer" a situação para produzir algo compatível com essa meta. O futuro do negócio provavelmente vai ficar comprometido com o imediatismo dessas decisões, mas paciência... É preciso sobreviver até lá.

Já quando uma nova tecnologia ou método de gestão se populariza – como foram a Reengenharia no começo dos anos 1990, ou os ERP's no fim deles, ou a Internet entre 1999 e 2002, ou o *Balance Score Card* –, são os *especialistas* que observam o seu talento ser disputado no mercado. Um currículo que comprove uma experiência prática e relevante no "tema da hora" pode valer dinheiro, oportunidades de carreira e *status* diferenciado.

A primeira coisa que cada um de nós deve levar em consideração, no entanto, é que essa escolha entre "especialista" e "generalista" não é tão livre assim. Há algo no nosso DNA que nos empurra em uma direção ou na outra: se descobrirmos o que fazemos de melhor e o que temos facilidade para aprender, e que tipos de responsabilidades mais combinam com nosso perfil, nossas chances de sucesso na carreira aumentam bastante, principalmente se acrescentarmos uma pitada de sorte ("a pessoa certa, no lugar certo, na hora certa").

A ampliação do uso de sistemas e soluções de automação nas empresas vem tomando o espaço dos especialistas cujas atividades poderiam (como o foram) ser transformadas em *bits & bytes*. Mas não consegue substituir as pessoas que justamente sabem configurar e aplicar as tecnologias que tornam isso possível. Só para dar um exemplo, técnicos com comprovada experiência nos módulos mais novos e mais complexos de aplicativos como SAP ou Oracle continuam vendendo seu tempo a peso de ouro para integradores de sistemas ou para usuários desses produtos.

Os especialistas têm encontrado melhores oportunidades nas empresas que oferecem serviços de terceirização, ou em pequenas e médias empresas onde a sua experiência faz diferença nas operações do negócio.

No caso de trabalhar em uma organização de terceirização, o especialista tende a valorizar-se se o seu conhecimento puder ser percebido como uma combinação de algo raro, produtivo e pouco replicável. Conseguir ser percebido dessa forma denota empreendedorismo em relação aos seus conhecimentos e às suas capacidades.

Aos generalistas que imaginam terem todo o poder, vale lembrar que sem a capacidade de execução dos especialistas, as boas ideias não produzem nada; e aos especialistas que algumas vezes julgam-se injustiçados (porque seu talento não é reconhecido ou valorizado), é bom avaliar como a capacidade de gestão e de organização dos generalistas os ajuda a fazer seu trabalho sem se preocuparem com uma lista enorme de tarefas burocráticas requeridas pela administração empresarial. Melhor ver a situação como uma troca, e analisar o que pode ser melhorado nesse processo.

O Especialista Empreendedor

"Um expert é uma pessoa que parou de pensar... Ela já sabe!"

(Frank Lloyd Wright)

O especialista domina profundamente um assunto, uma tecnologia ou um método. Mais do que isso, ele não apenas conhece a teoria associada à sua especialização, mas possui uma experiência prática onde aplicou esses conhecimentos, o que o coloca em posição ainda mais destacada para solucionar problemas que tenham relação com a sua área de atuação.

Mas essa situação privilegiada só vai durar enquanto o tema da sua especialização for relevante para os seus potenciais clientes: no mercado atual as coisas evoluem rapidamente, e há sempre pessoas (empreendedores) dispostas a inovar e capturar um mercado promissor.

O especialista precisa desenvolver uma visão estratégica e realista sobre a sua especialização, entender como aquele assunto, aquela técnica ou a tecnologia em si está evoluindo na medida em que novas transformações e ideias surgem no mercado. Do contrário, ver-se-á na triste situação de lutar pela manutenção do *status quo* como forma de sobrevivência profissional, e ser visto como alguém conservador demais, ou despreparado para a mudança, ou mesmo como um obstáculo.

No extremo, aquele conhecimento que o diferenciava pode simplesmente se tornar obsoleto, e não mais gerar oportunidades como no passado. É importante, portanto, que o especialista não confunda conhecimento e experiência comprovados com redução dos esforços de investigação e estudo. Empreendedorismo para esse perfil profissional é antecipar a data final de validade do seu conhecimento, e descobrir outras especializações promissoras para as quais sua experiência anterior pode contribuir e permitir que continue se diferenciando.

Em geral isso significa abraçar desafios mais complexos, porque se parte do seu conhecimento tornou-se obsoleto ou passou a ser de amplo domínio, é porque são necessárias soluções mais sofisticadas agora, que poucos serão capazes de desenhar e implementar. No mundo dos Sistemas de Gestão (ERP's), por exemplo, assim que as funcionalidades básicas (finanças, contabilidade, produção, compras, vendas) foram amplamente espalhadas pelo mercado, houve carência de profissionais que pudessem trabalhar com a maior sofisticação das funções de logística e custos. Ter-se mantido como especialista apenas nos módulos "básicos" significou perder oportunidades de remuneração mais alta nos "novos" módulos sob demanda.

Na medida em que as empresas ampliam sua atuação geográfica e procuram padronizar seus processos de negócios para ganhar escala e produtividade, aumenta a necessidade de profissionais que entendam as diferenças regulatórias entre países e regiões, e percebam o impacto que a padronização dos processos pode trazer para o negócio, profissionais que sejam capazes de "calibrar" essa meta de padronização para uma realidade viável.

O especialista empreendedor estuda permanentemente o seu tema de especialização e os assuntos correlatos que podem afetar a aplicação desse conhecimento. Aproveita as facilidades de pesquisa da Internet e seleciona informações que podem ser relevantes para o seu futuro profissional. Reserva tempo para atualizar-se, participar de eventos relevantes – ou que ampliem seu ambiente de relacionamento. Testa novas ideias e soluções para determinar se não é hora de mudar de rumo, e define o momento de transformar a sua vida, enfrentando o desafio de manter a credibilidade e a reputação como "aquele que resolve o problema".

E isso ainda não é o bastante: ele precisa verificar se a evolução de sua carreira é compatível com a posição que ocupa no momento. Será que a empresa em que trabalha dará as condições para essa evolução? Não será a hora de procurar uma posição em outro lugar, justamente aproveitando a sua reputação? Ou, se está atuando de forma autônoma, não será o momento de juntar-se a uma organização que está investindo em uma ideia nova? Essa mobilidade é algo importante a ser analisado pelo *intrapreneur*.

As empresas, por sua vez – se conscientes de que talentos devem ser preservados e estimulados a evoluir –, também deveriam constantemente avaliar como criar oportunidades de expor os seus especialistas ao que está ocorrendo em sua área de conhecimento, para que continuem agregando valor ao negócio e contribuindo para criar vantagens competitivas.

O Generalista Empreendedor

"O caminho para o sucesso não é fazer uma coisa 100% melhor, mas cem coisas 1% melhor."

(Comandante Rolim)

O generalista, tipicamente, destaca-se pela sua capacidade de gerenciar pessoas e recursos, de planejar, de envolver-se com procedimentos administrativos (que levariam o especialista a pensar em suicídio), de capturar a visão geral do problema e entender razoavelmente bem a questão de negócios que se apresenta (muitas vezes com a ajuda do especialista). Também costuma demonstrar alguma habilidade política, que o ajuda a sobreviver na "selva" empresarial – onde na ânsia (ou na paranóia) de preservar um "bom" emprego as pessoas às vezes rompem os limites da ética, da solidariedade e da educação, e tentam destruir aqueles que vêm como ameaça à sua privilegiada situação. É preciso alguma habilidade política para sair ileso de situações de conflito de interesses.

O generalista precisa aprimorar sua capacidade e sua técnica de gestão, e independentemente do nível hierárquico que ocupar – ou da limitação que sua função impõe – deve desenvolver uma visão mais abrangente dos negócios da empresa em que trabalha, e do papel que as atividades que executa e supervisiona exercem sobre esses negócios.

Deve dedicar-se a melhorar a eficiência operacional dos processos em que atua, e pelo menos tentar influenciar ou contribuir para que outras áreas da empresa também consigam aumentar a sua produtividade por causa de suas ideias, visão e experiência. Isso inclui perceber o que agrega valor e o que agrega somente custos aos processos e aos negócios. Se sua área for usuária de sistemas de informação (a maioria o é), elaborar demandas de melhorias que – uma vez implementadas – tragam um retorno cristalino sobre os investimentos realizados na implementação dessas demandas. Isso significa ser mais autocrítico em relação ao que realmente falta para desempenhar melhor a função, e não simplesmente pedir o que pareceu ser importante em um determinado momento, mas que não representará um ganho em um horizonte mais largo de tempo.

O generalista *intrapreneur* enxerga a sua área – ou o seu conjunto de responsabilidades – como um negócio: ele identifica claramente quem são os clientes e os fornecedores desse negócio – ainda que todos eles sejam internos à organização. Procura então entender que mudanças nos processos, nos níveis de serviços (prestados e recebidos), na disponibilidade de informações, no grau de automação, no perfil das pessoas envolvidas, podem gerar uma "cadeia de valor" (ou seja, a sua própria área de atuação, mais clientes e fornecedores) mais produtiva. A filosofia nesse caso não é "explorar" os fornecedores ou "vender mais caro para os clientes", mas sim ajustar a "cadeia" para que a *performance* do "seu" negócio seja a melhor possível: e isso pode até implicar repasses de custos para clientes e/ou fornecedores, mas não necessariamente. Como em toda negociação, o lado melhor preparado tem alguma vantagem na hora de contrapor argumentos técnicos e números reais. Com a crescente pressão por metas individuais e redução de custos (ainda que essa realidade possa ser antiproducente para a empresa como um todo), é preciso antecipar-se aos possíveis questionamentos, e mais do que isso, ser o maior crítico de si mesmo, sem ser sadomasoquista (afinal, é apenas trabalho).

capítulo dois

Cuidado com a Falta de Tempo!

"Nunca confunda movimento com ação."

(Benjamin Franklin)

AO LONGO DA MINHA CARREIRA também tive oportunidade de desenvolver trabalhos em organizações sociais e filantrópicas. Como se trata de trabalho voluntário, sem remuneração, é sempre mais difícil recrutar pessoal, principalmente pessoal-chave. O que sempre ouvi dos mais antigos e experientes nesse tipo de atividade foi "convide quem não tem tempo". Segundo eles, os profissionais muito ocupados são exatamente aqueles com o perfil adequado para fazer (bem) o trabalho voluntário.

Mais tarde, durante os anos de ouro das primeiras implementações dos ERP's (SAP, Oracle, PeopleSoft, e outros), o grande desafio era montar a equipe da empresa que deveria afastar-se das atividades operacionais e dedicar-se totalmente ao projeto de implementação, que, naquela época, durava seguramente mais de um ano. Os consultores mais experientes costumavam começar o processo pedindo os nomes que não poderiam ser afastados das suas atividades "de jeito nenhum". Essa era a equipe que queríamos: os profissionais considerados insubstituíveis, e dos quais a empresa sentia-se dependente para funcionar. Esses sim poderiam entender o impacto da nova tecnologia e desenhar as mudanças que permitiriam aproveitá-la ao máximo.

Juntando-se as duas coisas, parece que "não ter tempo" é um requisito importante para tornar-se um *intrapreneur* e ser percebido como um profissional de futuro para a organização. Mas isso não é verdade.

Um estudo, desenvolvido há poucos anos pelos pesquisadores Heike Bruch e Sumantra Ghoshal com grandes empresas em várias partes do mundo, revelou que somente 10% dos gerentes/executivos dessas organizações gastam seu tempo em atividades que realmente agregam valor ao negócio! Os demais 90% da força gerencial trabalham as mesmas dez horas ou mais por dia, mas o resultado líquido daquilo que fazem foi considerado irrelevante para o crescimento e a sobrevivência de suas empresas.

Aparentemente, um dos atributos que diferencia esse grupo dos 10% dos demais é sua capacidade de focar em poucos e importantes pontos, e com isso atingir metas críticas e que geram benefícios para o negócio não somente a curto prazo, mas também a longo prazo. O que representa um verdadeiro valor para a organização.

Como constatou Antonio Guimarães, da Syngenta:

> *"Eu trouxe para a companhia a ideia de que precisávamos influenciar o modelo de negócios dos nossos clientes... ajudá-los em seus próprios negócios."*

Como pode ser constatado ao ler sua entrevista neste livro, esse foi um "uso de tempo" que mudou o futuro da Syngenta no Brasil.

Os demais gerentes e executivos não tão "focados" estão muito ocupados, e têm seu tempo tomado por reuniões (saem de uma para outra), *conference calls*, elaboração de relatórios; respondem aos *e-mails* logo que os recebem – e checam constantemente se novos *e-mails* chegaram –, preenchem formulários e avaliações, e estão sempre ao telefone, "apagando incêndios".

Outro atributo associado pela pesquisa aos gerentes/executivos mais eficazes é seu alto nível de energia: eles simplesmente têm uma capacidade de trabalho acima da média. Essa característica, associada à capacidade de focar no que é importante, gera resultados excelentes.

Para Mário Fleck, da Rio Bravo,

> *"Esse profissional empreendedor não pode intimidar-se por essas dificuldades (as estruturas e os processos da organização). Ele precisa preparar-se para enfrentá-las e mostrar que algo diferente deve ser feito em prol da melhoria dos resultados. O sucesso dessa provocação pode até influenciar os processos e as políticas da empresa, e facilitar a vida da próxima iniciativa empreendedora que surgir."*

Os dois atributos – foco e energia –, embora sejam inerentes às pessoas mais eficazes, também dependem de uma liderança que os promova e incentive. As empresas são organismos hierárquicos, e o processo do "mandar e obedecer" é o que prevalece. Um bom líder é aquele que consegue que seus liderados se excedam e usem toda a sua capacidade para realizar algo de valor para o negócio. E que se sintam recompensados por isso, ainda que tenha custado a maior parte do seu tempo.

A proliferação de livros sobre liderança busca justamente identificar as ideias, comportamentos e métodos que permitirão ao líder direcionar da forma mais adequada os esforços de seus liderados (muitos deles, por sua vez, líderes de partes do negócio).

A simples atribuição de metas agressivas ajuda, mas não resolve o problema. Em geral, permite melhorar os resultados a curto prazo, mas não garante (e muitas vezes inibe) a capacidade de a empresa crescer e perpetuar-se no mercado.

A proliferação de indicadores de *performance* do negócio (tipo *Balance Score Card*) tem o mérito de estabelecer formas de medir as atividades e os resultados, e de alguma maneira redirecionar os esforços. Mas também limita a criatividade, e faz com que todos trabalhem para cumprir os números (bons ou maus).

Do ponto de vista do candidato a *intrapreneur*, o tempo é o recurso mais precioso. Não somente porque ele tem metas pessoais a alcançar (e não quer esperar a vida toda por isso), como pelo fato de que gastar o tempo com aquilo que agrega valor – para a organização ou pessoalmente, ou ambos – é o que realmente interessa.

É preciso flexibilizar os procedimentos formais que inibem o comportamento mais criativo e ousado, e simplesmente eliminar "tarefas e incêndios" que – vistos sob uma nova perspectiva, mais realista e pragmática – não agregam valor e não queimam nada. Mesmo que o *intrapreneur* não possa – por conta própria – realizar essas transformações, ele precisa encontrar formas de discutir o problema. Nesse aspecto, quanto maior a empresa e quanto mais complexas forem as suas regras de aprovação de novas ideias, mais difícil será encontrar uma maneira de focar as energias no que realmente interessa. Por isso é preciso sempre estar preparado para mudar os rumos da carreira, principalmente se você está no ponto de "empreender" algo em que acredita.

E o que você pode fazer para avaliar se o que está fazendo agrega ou não valor ao negócio? No capítulo sobre Gestão da *Performance* mostramos como as oportunidades de melhorar as receitas e reduzir os custos estão nos detalhes das operações realizadas pela empresa, detalhes esses poucas vezes analisados de forma inteligente e colaborativa. Dedicar atenção e tempo a estudar esses detalhes e descobrir formas de maximizar os resultados dessas operações é, sem dúvida, uma forma de agregar valor ao negócio. Mas existem outras maneiras igualmente importantes de agregar valor: desenvolver e ampliar o relacionamento profissional com pessoal do cliente envolvido nas decisões de compras de produtos e serviços; trabalhar com outros participantes da cadeia de valor em que a empresa está inserida, buscando otimizar os processos que atravessam as diversas organizações – o que pode fazer com que esse grupo de empresas forme um conjunto mais competitivo e lucrativo; atuar em iniciativas que contribuam para melhorar a imagem da empresa entre os clientes ou na sociedade em geral; criar formas de atrair talentos para a organização, aumentando sua capacidade estratégica e operacional; fazer com que o conhecimento vital seja distribuído adequadamente entre os profissionais que – munidos desse conhecimento – realizarão suas atividades com maior eficácia...

O *intrapreneur* deve avaliar como percebe o significado daquilo que faz na empresa, e se sua visão sobre a missão do negócio parece ter sentido para ele; se interpreta suas metas como desafios motivadores ou apenas um meio de chegar à compensação desejada; se existe autonomia suficiente para criar, empreender, tentar e até falhar em busca de algo maior e mais promissor.

Portanto, de agora em diante, analise cuidadosamente o que está acontecendo cada vez que sentir que "não tem tempo". Há uma grande diferença entre trabalhar muito e ter consciência de que o que está sendo produzido é realmente o mais importante a fazer no momento – tanto para a empresa quanto para si mesmo – ou sentir que gastou a maior parte do tempo em atividades que não parecem ser prioritárias, ou mesmo necessárias, quando comparadas com o que realmente é importante nesse momento.

Citando o sábio Benjamin Franklin mais uma vez: "Não desperdice o tempo, porque é dele que a vida é feita".

capítulo três

Como o RH Pode Contribuir para o Empreendedorismo na Organização

"O maior erro que você pode cometer é acreditar que você trabalha para alguém."

(Anônimo)

VÁRIAS PESQUISAS REALIZADAS nos últimos anos com os executivos das principais companhias do planeta buscando identificar os maiores desafios que esses líderes esperam enfrentar apontam para a escassez de talentos como um item recorrente. E quando se fala de empreendedorismo e de inovação, não há como ignorar que a presença de talentos nos quadros da organização é algo fundamental. E a área de recursos humanos precisa estar atenta ao papel que lhe cabe nesse contexto.

Não há dúvidas de que a área de recursos humanos precisa continuar a fornecer serviços administrativos eficientes e confiáveis, além de ser capaz de responder às necessidades das demais áreas e unidades de negócios da organização. Mas os dinâmicos e altamente competitivos mercados atuais exigem bem mais do que isso.

Para Ricardo Pelegrini, da IBM:

> *"É um desafio desenvolver uma gestão de RH que mantenha o estímulo do empreendedorismo através da busca de novas habilidades e de know-how".*

Assim como a área de tecnologia da informação foi responsabilizada há alguns anos por viabilizar as transformações de processos necessárias e introduzir ferramentas de automação para redução dos custos da companhia (tudo isso com orçamentos menores e prazos ínfimos), a área de RH começa a ser cobrada por criar as condições que favoreçam o recrutamento e – principalmente – a retenção de talentos.

Os líderes de negócios reconhecem que as reengenharias e reestruturações já cumpriram a maior parte do seu papel. Que reduzir os custos é e sempre será uma necessidade presente, mas cada vez menos diferenciadora estrategicamente. A velocidade dos mercados atuais, a volatilidade dos produtos e serviços, e a tendência de reformular o modelo de negócios da organização constantemente requerem a presença de grandes talentos de todos os tipos – técnicos, administrativos, comerciais – para aproveitar as oportunidades e manter-se à frente a maior parte do tempo.

O Novo Papel de RH

"Faça da qualidade a sua política."

(H. Jackson Brown)

Espera-se que recursos humanos seja a fonte de ideias, métodos e projetos que permitirão à empresa adotar as melhores práticas na gestão de seus talentos, e tornar-se atraente para outros talentos escondidos ou espalhados por aí.

RH precisará indicar novas fontes de recrutamento – dentro e fora do País –, e também novas *formas* de trabalhar com talentos – contratos mais flexíveis ou com horários reduzidos. Além disso, pensar em como criar um ambiente produtivo de trabalho onde as pessoas dependam de ferramentas de colaboração para trabalharem "juntas", em lugar de tentar reuni-las sob um mesmo teto. Quem sabe, também, algo como uma função ser compartilhada por vários profissionais em momentos diferentes?

Sem dúvida será necessário elaborar e executar planos de treinamento, administrar benefícios e manter/conter o rigor das leis trabalhistas. Mas mesmo essas atividades mais padronizadas e tradicionais devem obter um toque de inovação para fazer frente à realidade da busca e gestão de talentos no mercado.

Veja a experiência de Luis Schiriak, CFO do Grupo Votorantim, que controla um conjunto de empresas industriais:

"... Chama-se Academia Votorantim. Antes cada unidade desenvolvia seus treinamentos ou enviava pessoal para fazer cursos fora. Alguns treinamentos não eram relevantes para as necessidades do negócio. O nosso pessoal de RH, com a consultoria de universidades como a FGV e a USP, desenvolveu essa Academia,

buscando entender as necessidades comuns de treinamento, e criando um currículo que englobasse as necessidades do Grupo – formação de times, liderança etc. Mesmo temas mais específicos – como geologia e manutenção – foram reestruturados."

Junte-se a isso o comentário de Antonio Guimarães, da Syngenta:

"Começamos por ensinar o pessoal a aprender: montamos uma academia de treinamento para o pessoal de vendas que mostrava como fazer parte de uma organização, como entender o problema do cliente."

E as palavras de Adelson de Sousa, da IT Midia, sobre as iniciativas de formação de pessoal na empresa:

"Neste ano estamos em um momento de construção com a Fundação Dom Cabral de um novo ciclo de treinamento para os gestores. E um dos grandes desafios que eles terão de trabalhar será como permear esses conceitos (empreendedorismo & inovação) na empresa. Isso vai fazer parte do treinamento deles. Ainda não está pronto, mas eu coloquei para o pessoal da Fundação que está trabalhando conosco que o objetivo é conseguir a disseminação dos conceitos nos quais acreditamos."

Retendo os Talentos que já Estão na Empresa

"Bem-feito é muito melhor do que bem-dito."

(Benjamin Franklin)

Embora a tentação seja dizer que cada "gestor" é responsável pelos seus "geridos", RH também tem um papel fundamental na identificação e direcionamento dos talentos dentro da organização, e na orientação que deve ser dada aos executivos e aos gestores de forma geral para que não percam profissionais que – mesmo não sendo insubstituíveis – podem causar um impacto negativo (técnico e financeiro) caso deixem a organização ou, pior, juntem-se a um concorrente.

Luis Schiriak complementa:

"... Agora, nosso objetivo é tentar evitar a perda de talentos, que representaram um investimento grande para a companhia. Cada profissional representa um custo importante para a Votorantim, não somente pelo seu próprio custo direto, mas também pelo tempo dedicado por outros para ajudá-lo na formação adequada requerida pelo negócio."

É da área de RH que devem sair os estudos que vão apontar questões que influenciam a decisão do profissional de ficar ou sair: grau de desafio do trabalho realizado pelo profissional e sua contribuição para o todo, reconhecimento adequado (sob todas as formas), possibilidades reais de progredir na carreira, dificuldades para executar o trabalho (informações, processos, sistemas), clima organizacional.

Mário Fleck, CEO da Rio Bravo, relata sua experiência como *country manager* da Accenture, onde identificou a necessidade de transformação na gestão de recursos humanos:

> *"... fizemos um trabalho para identificar pessoas em posições-chave da empresa, mas que apresentavam uma personalidade difícil quando o assunto era trabalho em grupo, liderança, colaboração. Essas pessoas recebiam um feedback em suas avaliações onde se mostrava que apesar do bom desempenho técnico desenvolvido, no que se referia à gestão de recursos humanos a performance deixava a desejar, dificultando o clima de inovação que a organização queria criar."*

Essa preocupação de preservar um bom ambiente de trabalho e selecionar pessoas que saibam trabalhar em times (e acreditem nisso) também é comentada por Ricardo Pelegrini, da IBM:

> *"A questão da atitude tem muito valor para a IBM Brasil. Não queremos manter pessoas que desagreguem ou destruam equipes, mesmo que percamos profissionais que tragam bons resultados para a companhia."*

Governança de RH

> *"Não quero alguém trabalhando comigo que só diga SIM. Quero alguém que fale a verdade. Mesmo que isso lhe custe o emprego."*
>
> (Samuel Goldwin)

Assim como a área de TI vem lutando – com bons resultados – há mais de dez anos por um espaço nas decisões estratégicas da empresa – de modo a alinhar seus planos, sistemas, investimentos e recomendações com as necessidades do negócio –, a área de RH precisa fazer o mesmo, de modo a antecipar as habilidades e os perfis necessários à sustentação das transformações que se pretende empreender na organização.

E para obter esse espaço, será necessário que RH comprove suas credenciais para tanto, assim como TI teve de fazê-lo há pouco tempo:

reestruturando-se, incorporando novos perfis profissionais e verdadeiramente tentando entender o negócio no qual está inserido.

Com essa nova abordagem em mente, RH precisará reduzir o tempo em que é apenas *reativa*, e preenchê-lo com atividades *pró-ativas*, propondo e recomendando ações de alcance estratégico, que refinem a maneira como a empresa pretende conquistar e ampliar seu espaço e sua lucratividade.

Entrevista

capítulo quatro

Ricardo Pelegrini
Presidente da IBM do Brasil

RICARDO PELEGRINI é Presidente da IBM do Brasil desde outubro de 2007. É Administrador de Empresas com Pós-Graduação em Marketing. Desenvolveu sua carreira na IBM, onde ingressou há 20 anos. Antes de ser convidado para a Presidência da empresa no Brasil, atuou como Gerente Geral da Divisão de Serviços da IBM Itália. Pelegrini foi Vice-Presidente do Segmento de Serviços Financeiros (Bancos e Seguradoras) da IBM América Latina entre 2003 e 2005. Suas responsabilidades anteriores na IBM estiveram relacionadas à liderança de vendas em diversos setores e segmentos atendidos pela IBM

▶ **Como se encaixa o tema empreendedorismo interno em uma corporação gigantesca como a IBM, particularmente em uma subsidiária – ainda que muito importante – como o Brasil?**

Esse empreendedorismo interno possui muitos componentes e está intimamente relacionado com o momento pelo qual a empresa passa.

Mas para entender isso é preciso que eu conte um pouco da história da IBM nos últimos 15 anos...

Em 1992 e 1993 a IBM estava em uma situação muito complicada, como todos sabem. Lou Gerstner, ao assumir a posição de CEO em meio a essa turbulência, procurou unificar a companhia, que naquele momento estava fragmentada em diferentes *business units*. Ele então tomou a grande decisão de reorganizar o negócio por indústrias (*segmentos de mercado*). Nessa verticalização ele quebrou o que ele chamava de "impérios" (*veja livro Quem disse que os elefantes não dançam? de Gerstner*): os países e as regiões tinham muito poder, e eram fechados em seus negócios. A transformação que Gerstner pretendia realizar não se encaixava com essa organização geográfica. Ele então "explode" com as geografias e cria uma verticalização por indústria.

A maioria dos *country managers* (presidentes de países) sai da Companhia e são substituídos por novos executivos que passam a ter uma função "menos importante" do que a anterior: as verticais por indústria é que detêm o poder, o orçamento, o lucros & perdas. Os países passam a funcionar como consolidadores de pessoas. A IBM precisa de um gestor local, alguém para gerenciar as relações governamentais, por exemplo, ou o RH, mas o papel de presidente não contempla todo o poder que se imaginaria de alguém nessa posição.

Mas a IBM é uma empresa multidisciplinar – vende hardware, software e serviços. E cada uma dessas linhas ainda possui muitas subdivisões de produtos e tipos de serviços, cada uma delas com participação diferente nos negócios. Essa multitude de "facetas" dentro de uma organização vertical e global por indústria acabava por prejudicar a identidade local da companhia junto aos seus clientes. Chegava a existir competição entre os vários negócios oferecidos de forma individual no mercado.

Se o seu portfólio global de produtos é simples, o impacto local não é grande. A organização vertical global apresenta o produto para o cliente sem grandes transtornos ou necessidade de apoio local.

Você sabe como os movimentos de transformação das organizações são "pendulares". Eles em algum momento começam a mudar a direção. E a direção do "pêndulo", no caso da IBM, começou a mudar quando se percebeu que era necessário algum foco local. Aparece o *think global, act local*. E então o país passa a ser um centro, e não um consolidador, que representa a evolução mais recente do nosso modelo.

Essa evolução ocorreu gradativamente durante dez anos – de 1995 a 2005. Em 2002/2003, não somente a vertical apresenta o seu Lucros & Perdas, mas o país também. A percepção de que o conceito de "local" é fundamental para a execução das operações ganha apoio, independente de onde a linha de decisão realmente está.

Nesse momento (2009), praticamos o conceito de um portfólio (de produtos) global em um mercado local. O país e a região ganharam força novamente, porque aí está a diferenciação: foi reconhecido que mercados diferentes apresentam culturas diferentes e formas de atuar diferentes, ainda que para um mesmo portfólio de produtos. As linhas globais por indústria, ou por *brands* (linhas individuais de produtos da IBM), agregam conteúdo para cada mercado local, enriquecendo a apresentação da oferta para os clientes. Um especialista global da indústria automobilística, por exemplo, passa a investigar como pode contribuir para ajudar nas vendas locais de cada geografia: ele pode trazer as experiências e as soluções que a IBM desenvolveu para essa indústria em outras partes do mundo, e diferenciar a oferta específica da IBM para um cliente local. Conteúdo global, aplicado localmente com *flavor* (sabor) local. Essa foi uma mudança de grande impacto na Companhia.

E por que eu contei essa história? Porque o empreendedorismo – em cada uma dessas fases – assume características diferentes: esse é o momento de ser generalista? Ou mais técnico, aprofundado em algum *know how* ou habilidade específica? Eu devo conectar-me a um elemento global, internacionalizado, ou devo focar no mercado local? E isso afeta, inclusive, como ocorre a "navegação" nas decisões políticas dentro da empresa. Você precisa encontrar os melhores caminhos para sobreviver – como uma parte da organização – nessa grande entidade que é a empresa.

O conceito que eu sempre utilizei, e que procuro passar para as pessoas, é que não basta uma visão "horizontal" das coisas, um conhecimento geral, somente. Você precisa conhecer algo em profundidade. Algo que seja a sua âncora: pode ser um produto, uma indústria, uma linha de ofertas, um tipo de necessidade de negócios, uma subsegmentação dentro da indústria, mas você deve demonstrar conteúdo. ◀

▶ **Como ficam os generalistas nessa situação?**

Você pode estar em uma função que requeira conhecimento horizontal. Pode ser o representante de uma indústria, bancos, por exemplo. Mas para conversar com um cliente da área bancária, você precisa de conhecimento suficiente para fazer duas coisas: primeiro, saber transmitir para o cliente todo o potencial de ajuda e benefícios que sua empresa pode oferecer; e segundo, entender que necessidades esse cliente tem (por ser um banco) e como o portfólio de produtos da IBM pode ajudar na solução dessas necessidades.

Possuir esse conhecimento é básico, porque do contrário as oportunidades passam na sua frente e você não as detecta! E por outro lado você precisa conhecer o portfólio de ofertas: não adianta detectar a oportunidade e não saber como ajudar. Ou seja, conhecimento de indústria e conhecimento do portfólio.

Para ter sucesso, você ainda precisa de mais alguma coisa. Um conhecimento sobre um tema específico na área bancária – *back office* (funções de suporte) de bancos de varejo, integração de canais, como os bancos se diferenciam. Esse "engajamento", em um determinado assunto, de alguma forma vai ajudar – seja no cliente, seja internamente. Porque quando você estiver coordenando um time, por exemplo, você poderá demonstrar valor agregado, em lugar de só entabular conversas de conteúdo genérico com os profissionais do time. Eu acho que um profissional deveria ter a mentalidade de aprofundar-se em alguma coisa relacionada à área em que está atuando. ◄

▶ **Você acha que alguém que está fazendo carreira na IBM Brasil há alguns anos tem essa visão de forma clara?**

Olha, nós estamos trabalhando para que as pessoas tenham ou desenvolvam essa visão. Pessoalmente tenho investido em comunicar essas ideias sempre que possível. Recentemente em um *town meeting* (reunião) com todo o time da América Latina tivemos um painel onde o meu assunto foi exatamente esse. E todos concordaram: o generalista é importante, e até fundamental em algumas funções; mas chega um momento em que é preciso fazer e entregar.

No nosso mercado (Tecnologia), quando a empresa vende um produto, é mais fácil ser um generalista e receber o suporte de especialistas para desenvolver o trabalho de venda e implementação. Mas a IBM vende soluções, não produtos. E essas soluções incluem serviços como componentes. É muito diversificado. Entender o portfólio de serviços de consultoria é complicadíssimo, assim como a oferta de serviços de infra-estrutura. ◄

▶ **Ou seja, não é qualquer perfil...**

Não é qualquer perfil... o profissional precisa entender muito bem em que segmento ele está atuando, a questão do relacionamento, se está representando alguma *brand*. Mas o que sempre enfatizamos é, esteja onde estiver, seja um profissional com conteúdo.

Empreendedorismo também é buscar esse conteúdo! E temos trabalhado especificamente essa ideia aqui na IBM.

Ou seja, há uma relação com o desenvolvimento da pessoa, mais que isso, depende da pessoa!

O gerente é um viabilizador desse desenvolvimento: cada profissional reúne-se com o seu gerente uma vez por ano para elaborar o IDP – *Individual Development Program* (Programa de Desenvolvimento Individual). Eles discutem a carreira, para onde direcioná-la, avaliam que tipo de exposição e treinamento seriam necessários para colaborar nesse processo, em que áreas da IBM haveria mais oportunidades de se desenvolver. O gerente tem a obrigação de analisar cada caso e dar um *feedback* que oriente o profissional. O gerente deve, inclusive, eventualmente discordar das ambições do profissional, por conhecer o seu real potencial. Mas, principalmente, deve ajudar o profissional a progredir em sua carreira. Ele indica em que tipo de treinamento o profissional deve participar, e vai garantir que a pessoa tenha a disponibilidade de concretizar essa participação na época prevista. O gerente pode até reservar um orçamento para o treinamento, caso ele tenha que ser contratado externamente.

E ainda, em alguns casos, viabilizar um tipo de treinamento que chamamos de *shadow program* (programa "sombra"). O profissional passa uma semana na "sombra" de um executivo da IBM, entendendo como as coisas funcionam, e participando de reuniões onde estratégias são discutidas e decisões são tomadas.

Por exemplo, a pessoa está trabalhando em uma determinada área, mas se interessa muito pela área de serviços de infra-estrutura, porque o assunto o atrai e porque acha que pode ter boas chances de progresso. A IBM Brasil tem hoje mecanismos que permitem que essa pessoa tenha uma pequena experiência nessa outra área que a interessa, onde ela terá oportunidade de entender um pouco mais como as coisas se desenvolvem, verificar os requisitos para ganhar visibilidade se estiver trabalhando lá, e até confirmar ou não se o seu entusiasmo inicial permanece.

Na IBM há muitas oportunidades para mudar de área. Algumas vezes o profissional busca essa mudança, em outras ele é convidado a mudar. Mas por melhor que seja a oportunidade, sempre haverá um *gap* (lacuna) de conhecimento ou experiência que precisará ser preenchido. E será preciso fazer um plano de eliminação desse *gap*. ◄

▶ **Esse processo de planejamento de capacitação passa por uma avaliação de execução destes planos?**

Sim, e o que fazemos é o seguinte: o plano é revisto todos os anos, e nessa revisão é analisado o que foi atingido, e o que deixou de ser realizado. Na maioria dos casos foi o próprio profissional o maior responsável pelo descumprimento de algumas metas de desenvolvimento pessoal. E não porque o gerente o impediu de alguma forma. E esse não-atingimento de metas é uma questão que o gerente precisará tratar: se o profissional não cumpriu as metas de desenvolvimento, ele não estará totalmente preparado para novas oportunidades ou promoções, como previsto. E essa situação torna-se uma penalidade imposta por ele mesmo.

E ainda há mais: a avaliação de desempenho anual é baseada no PBC – *Personal Business Commitment* – que acompanha três aspectos fundamentais do profissional: *Business Achievements* (metas quantitativas), *People Management* (gestão de pessoas para aqueles que gerenciam times) e *Personal Development* (desenvolvimento pessoal). Se o profissional não foi bem no *Personal Development*, toda a sua avaliação de desempenho do ano será afetada. E isso tem impacto inclusive nos aumentos salariais. Ou seja, um dos três componentes que "empurram" a carreira é o desenvolvimento pessoal.

A empresa reconhece que as pessoas são o seu mais importante ativo, e quer que cada uma delas invista em si mesma. "Você superou as metas esperadas, é um ótimo gestor de pessoas, mas não está garantindo o seu bom desempenho no futuro... sua avaliação vai refletir isso, como um alerta importante para os próximos anos. Ao não investir em você, você está deixando de investir na empresa, que o considera um ativo importante do seu negócio."

Hoje nós estamos com 17.400 colaboradores (*a respeito de que o PBC é um instrumento importante de divulgação da ideia de desenvolvimento pes-*

soal). Com essa massa de pessoas, temos necessidade de processos e de metodologias de gestão que ajudem a direcionar no que a empresa precisa que as pessoas estejam participando. Dessas mais de 17 mil pessoal, dez mil entraram na IBM Brasil nos últimos cinco anos! Temos um grupo jovem muito grande: temos gerentes com apenas dois anos de IBM, muitos recém-formados ou com poucos anos de experiência profissional. É um desafio desenvolver uma gestão de RH que mantenha o estímulo do empreendedorismo através da busca de novas habilidades e de *know-how*. ◄

▶ **Quando eu trabalhei na IBM, havia vários reconhecimentos públicos de vendas importantes, mas na época eu não vi nada parecido com reconhecimento de empreendedorismo... existe alguma ideia de reconhecimento nesse tema... mesmo que não seja premiação em dinheiro?**

Ainda não temos um reconhecimento para o empreendedorismo. Temos reconhecimento para a inovação. Que é um efeito do empreendedorismo. Se você tiver essa mentalidade de empreender, preparar-se... o que nós buscamos é que as pessoas cada vez mais tragam novas ideias, inovem nos seus processos, na sua unidade, tragam ideias dos clientes, trabalhem para os clientes, sejam pró-ativos. Então a cada trimestre temos o *Leadership Quarterly Meetings* (reuniões trimestrais de liderança), quando reconhecemos os times que demonstraram inovação, em qualquer tipo de processo – processos internos, satisfação do cliente, custo interno –, ou assuntos externos – projetos implementados de forma inovadora, desenvolvidos de uma forma onde muito mais valor foi agregado, e até a geração de novos projetos em função disso. Essas reuniões congregam 600 executivos e gerentes da companhia, por vídeo conferência, e aí passamos mensagens para o grupo de líderes da companhia; nessas reuniões trazemos os times para receber os prêmios de inovação, e todos assistem e reconhecem. ◄

▶ **O maior desafio em uma empresa como a IBM, é a pessoa achar que não pode, ou não tem condição, de empreender ou de inovar... e que essa atitude pode ter até um caráter político, o que é pior ainda...**

Para garantir que as pessoas pensem em empreender, nós precisamos de uma política de gestão que dê visibilidade aos recursos humanos. Desenvolvemos dois conceitos que ajudam bastante nessa questão: *executive resources* e *top talents*.

Os *executive resources* são profissionais que já avançaram na carreira, e que apresentam perfis de liderança. Ainda não são líderes, mas estão nesse caminho, e por isso mesmo precisam ser "cuidados". Os *top talents* também são muito importantes, principalmente com a pirâmide "achatada" de pessoal que temos atualmente. É preciso detectar na massa de pessoas que possuímos nas categorias inicias aqueles que se destacam. Para esses, promovemos reuniões anuais com seus gerentes, para dar uma atenção especial aos seus planos de carreira.

Pegamos o que chamamos de *leadership capabilities* – são 11 competências definidas pela IBM como requisitos para tornar-se um bom líder de negócios. Avaliamos como o profissional se encontra em relação a essas competências, e discutimos com cada um como pode melhorar e ampliar suas chances de realmente se tornar um líder no futuro.

E algumas dessas características do futuro líder são justamente o empreendedorismo e a busca da inovação. Oferecemos a ele ou ela oportunidades e exposição – como é o caso do *shadow program* que mencionei antes – e isso chama a atenção dos demais, que vão procurar saber o que podem fazer para também conseguir algo similar.

A questão da atitude tem muito valor para a IBM Brasil. Não queremos manter pessoas que desagreguem ou destruam equipes, mesmo que percamos profissionais que tragam bons resultados para a Companhia. O nosso portfólio diversificado de soluções requer integração, requer times. Sem *teamworking* (trabalho em equipe) e *team leadership* (liderança de equipes) não alcançaremos o sucesso que pretendemos. Não temos espaço para o profissional que quer brilhar sozinho. ◄

▶ **E é preciso lembrar que o trabalho em grupo é interno, mas também com o cliente...**

A pessoa que apresenta problemas internamente acaba por criar problemas também no cliente. Ela pode até ser mais hábil externamente, mas se no DNA vigorar um egocentrismo exagerado, um pensamento de que informação é poder, e, portanto, pouca vontade de compartilhamento, dificilmente conseguirá progredir no nosso modelo de negócios. ◄

▶ **Você está há menos de dois anos (um ano e cinco meses no momento desta entrevista) na posição de *country general manager* da IBM Brasil; o que você destacaria como empreendedorismo e inovação nesse período?**

É importante começar indicando que tivemos um ano de 2008 espetacular... foi o melhor ano da Companhia no Brasil em 91 anos. Por conta destes resultados, aumentou nossa visibilidade na Corporação. O país ganhou ainda mais importância no cenário mundial, e os resultados da IBM falaram por si. Fomos chamados pelo Chairman (*Sam Palmisano*) para uma apresentação do nosso plano estratégico trienal, como forma de termos a Corporação alinhada com a nossa visão de oportunidades no mercado brasileiro.

Começamos a preparar esse plano trienal em maio de 2008, para que eu o apresentasse ao Chairman e ao Board no dia 23 de outubro. O conteúdo cobria oportunidades, mercado, TI, marketing e segmentos de indústria.

Por que estou citando isso? Desenvolvemos esse plano com um nível de engajamento e participação de todos os executivos que demonstra esse conceito de time que mencionei há pouco. A Corporação havia perguntado onde a IBM deveria aumentar os investimentos para capturar as oportunidades... ◀

▶ **Vocês precisaram usar o conceito de integração como estratégia, não mais como desejo somente...**

Exato! Você não pode ter simplesmente as estratégias das unidades individualmente. Trata-se da estratégia integrada do país, de todas as unidades. Quando dizemos o que faremos em uma determinada indústria, por exemplo, precisamos ter todas as *brands* (verticais) suportando isso.

A forma como conseguimos estruturar esse plano e essa apresentação foi um tremendo sucesso! E logo depois veio o plano operacional de 2009, que precisava estar alinhado com esse plano trienal. Obtivemos aprovação do Board para o nosso plano, em meio ao pior momento da crise, em outubro de 2008. Até pensávamos que a reunião seria adiada. ◀

▶ **De outubro de 2008 até hoje já temos seis meses[1], esse engajamento foi para construir o plano, e agora você está executando esse plano, como está o *follow up* do negócio?**

Está indo muito bem! Nós estamos com um processo de acompanhamento. Nas empresas esses planos discutidos com a Corporação acabam sendo o plano do Presidente e do Diretor de Estratégia, dos VP's e do CFO, que se juntam e "montam" o plano. Esse é um modelo onde o plano não é coletivo.

Fizemos um processo muito bem estruturado – durou cinco meses – e envolvemos o corpo executivo, que, por sua vez, envolveu as bases... ◀

▶ **Ou seja, o plano é conhecido em todos os níveis da empresa...**

O nosso plano é *bottom-up* (de baixo para cima) e não *top-down* (de cima para baixo). E por que isso é importante? Justamente pela questão da execução. Parte do desafio das corporações está associada ao fato de que, muitas vezes, um pequeno grupo se envolve nesse trabalho estratégico, e após apresentá-lo para o *headquarter* (matriz, alta administração), volta para o país e se depara com situações como "você disse que iria crescer 30%, mas eu só assino 20% na minha área. Esses 10% eu vou até fazer, porque você é meu chefe, mas no fundo há um *gap* (lacuna) a ser resolvido.

Agora, o nosso programa com acompanhamento de iniciativas veio das bases. Não é o plano do Ricardo ou do Mauro (Diretor de Estratégia). É o plano de todas as áreas. E assim você tem a assinatura de todos ali. Nessa nova situação, a execução do plano pode mostrar problemas ou surpresas quando se vai ao nível de detalhe, mas agora todos estão comprometidos com o resultado, e o investimento da Corporação já chegou: é preciso responder de acordo com o esperado. Isso é algo que naquele processo pendular (a mudança de gestão de indústria para geografia) foi uma grande mudança. Uma mudança de *empowerment* (delegação). A Corporação disse: venha até aqui e me conte as suas oportunidades, me conte o que você quer fazer, e se isso fizer sentido, nós vamos aprovar; e fazendo sentido, nós vamos garantir o *funding* (financiamento) que você precisa para viabilizar esse negócio. E nós conseguimos. Nos-

---
1 A entrevista foi realizada no dia 27 de fevereiro de 2009.

sa tarefa, agora, é executar. Em algumas organizações você "delega" a decisão para cima, e isso acaba gerando uma zona de conforto nos níveis operacionais. ◄

▶ **É quase como um *private equity*...**

Sim, e isso gera uma mudança cultural muito interessante. Porque agora você não pode transferir a culpa para ninguém. Você ganhou tudo o que pediu – investimentos, recursos. *Go get it!* (corra atrás!) ◄

▶ **Essa sua visão é muito interessante, pelo seguinte: isso fecha melhor a questão do empreendedorismo que você estava colocando antes. Uma das razões da inibição do empreendedorismo é a pessoa não se sentir comprometida com o plano. É o "cumpra-se!".**

Acho que o processo que estamos vivendo hoje de soltar mais a Empresa, de sentir uma energia positiva vindo das pessoas, acreditando, começando a enxergar oportunidades nos problemas tem trazido excelentes resultados.

Você poderia perguntar... vocês não têm medo de como o mercado está se comportando nesse momento? Claro que sim. E vocês estão atacando? Sem dúvida! Apesar da crise, em momento algum nós revisamos o plano original dizendo "vou tirar um pouco de dinheiro daqui porque eu acho que não dá para crescer...", porque obviamente você precisa fechar o seu P&L (*Lucros & Perdas*) como país. O que nós estamos fazendo é acelerar, para capturar as oportunidades que certamente vão ocorrer, se nos mantivermos conectados com o mercado.

Esse modelo de empreendedorismo vai se alastrando, vai impregnando toda a empresa, as pessoas começam a perceber que há um plano que "nós" construímos. A Corporação está acreditando em nós, oferecendo aquilo que nós pedimos. O *mindset* (mentalidade) é: vamos olhar o mercado de forma a podermos detectar onde estão as oportunidades. E não quais são os problemas, os medos. E isso é uma espiral positiva. Estamos passando a viver esse momento, sabe?

O Rogério (*Rogério Oliveira, líder da IBM na América Latina e ex-country general manager do Brasil*) e eu montamos um time muito comprometido com a ideia de empreendedorismo. As pessoas olham a liderança. Não adianta alguém dizer que estimula o empreendedorismo, mas ao mesmo tempo mata as ideias ou reconhece as pessoas de forma igual. ◄

parte quatro

FOCO EM RESULTADOS

capítulo um

Gestão da *Performance* Empresarial como Ferramenta de Empreendedorismo

"Resultado é a perfeita combinação entre a qualidade da estratégia e a eficácia da implementação."

(Essa frase é minha, inspirada em vários autores que trataram do assunto)

QUASE TODOS NÓS SOMOS permanentemente medidos por nossa contribuição ao negócio. Ou pelo menos deveríamos ser medidos segundo esse critério. O que se observa, na prática, são metas genéricas, aplicadas indiscriminadamente a muitas pessoas, e que em geral podem ser resumidas em volume de vendas, cumprimento de orçamentos de custos, cumprimento de prazos, recebimentos de cobranças em dia, e outros indicadores de uso universal como esses.

A ideia é que as metas gerais estabelecidas para a empresa – de crescimento, de lucratividade, de *market share* – sejam decompostas entre as áreas e seus profissionais, seguindo uma lógica que – se as metas individuais forem alcançadas – as metas globais serão atingidas como previsto.

Essa individualização "massificada" das metas tem funcionado bem para as empresas – quando se pensa em pressão por resultados –, mas são fonte de um estresse permanente para todos, principalmente na medida em que o final do trimestre ou do ano fiscal se aproxima. Isso ocorre porque a busca pelo resultado prometido ou comprometido para um departamento, uma divisão ou uma empresa, coloca os detalhes das operações que vão permitir "fazer o número – as vendas, por exemplo – em segundo plano; todos se concentram no indicador que será medido, e raramente em outros aspectos fundamentais para a saúde financeira do negócio.

"Depois que garantirmos o atingimento das metas, repensamos a melhor forma de realizar novos negócios". Porém, na maioria das vezes, esse momento nunca chega.

Mas o importante em relação a essa questão, quando se fala de *performance* (individual ou da empresa como um todo), é quantas oportunidades de despertar ou melhorar o empreendedorismo são perdidas justamente porque as empresas não dispõem de ferramentas e soluções adequadas para gerir analiticamente a performance de seus negócios.

Na segunda parte dos anos 1990 e no começo do século XXI – reforçado pelo *boom* da Internet –, os ERP's (Sistemas de Gestão Empresarial como SAP e Oracle) prometiam não somente automatizar e integrar toda a empresa, como gerar um conjunto fascinante de informações gerenciais que dariam à gestão do negócio mais controle e eficácia.

Esses aplicativos entregaram um grau de automação bastante bom (e que ainda pode melhorar), bons controles, mas deixaram a desejar no critério informações para gestão da *performance*. Nos anos seguintes essa carência abriu a oportunidade para que fornecedores de *software* tentassem aproveitar essa lacuna, e surgiram as ferramentas de *business intelligence*, que prometiam exatamente "peneirar" inteligentemente as informações dos ERP's (ou seus equivalentes), e entregar para os executivos aquilo que realmente precisava ser acompanhado e analisado. Daí surgem nomes como Cognos, Hyperion, MicroStrategy e Business Objects, entre outros, de maior ou menor capacidade, e consequentemente de custos variados.

Esses produtos são bons, mas esbarram em alguns problemas: criar os modelos de gestão de *performance* e transplantá-los para as ferramentas não é algo trivial; as empresas já gastaram muito dinheiro nos ERP's e viviam com a expectativa de que essas informações gerenciais seriam geradas "automaticamente" – nem sempre é fácil explicar por que é necessário continuar investindo para se ter o que já era esperado antes. Além disso, a velha e boa planilha – preenchida quase que manualmente – parece ser a opção preferida do pessoal que precisa produzir os números ansiosamente esperados pelos executivos que – por sua vez – querem demonstrar que os resultados da empresa estão caminhando na direção certa.

Toda essa situação tem como resultado a produção de alguns números (muitas vezes questionados ou questionáveis), e todo o esforço não é aproveitado para descobrir e discutir como cada profissional que contribui para uma pequena parcela desses resultados pode efetuar mudanças que acabarão por melhorar a lucratividade do negócio. Ou melhor, perde-se a oportunidade de tornar cada profissional o empreendedor (de sucesso) de seu pedacinho do negócio. E também, de se pensar em formas mais criativas de remuneração, que acabarão por premiar esses empreendedores de sucesso, e incentivá-los ainda mais.

Ricardo Pelegrini, ao comentar sobre o processo de planejamento da IBM do Brasil, diz:

"O nosso plano é bottom-up (de baixo para cima) e não top-down (de cima para baixo). E por que isso é importante? Justamente pela questão da execução."

Visto do ponto de vista do "empreendedor", poder medir sua contribuição de forma objetiva e realista traz duas vantagens: reconhecer os problemas, antecipando-se à sua resolução, e criar as condições para ter valorizada a sua *performance* sob a forma de maiores ganhos.

Gestão da *Performance* não significa somente estabelecer metas e acompanhá-las, ou basear-se apenas em ferramentas tipo *balance score card*. Nesses casos, o planejamento e a análise são feitos "de cima para baixo" (*top-down*), com pouca ênfase no analítico, ou seja, nos detalhes.

Como diz Adelson de Sousa, da IT Mídia:

"Se o empreendedorismo não fizer parte dos valores da companhia, imaginamos que será difícil incutir uma cultura empreendedora na organização."

Vejamos o caso de uma empresa de seguros com sucursais espalhadas por todo o País. Ao produzir pela primeira vez um relatório do tipo Lucros & Perdas de cada sucursal aberto por cidade, descobriu que uma cidade em franco crescimento representando uma importante participação de mercado gerava prejuízos seguidos há algum tempo, apesar das vendas crescentes de seguros patrimoniais fechados por seu pessoal de produção.

Estudando mais a fundo a situação em conjunto com o pessoal local da companhia, chegou-se à conclusão de que os benefícios oferecidos junto com o seguro patrimonial (um elemento importante do marketing da seguradora em todo o País) – tais como consertos em caso de problemas com eletrodomésticos ou pequenas máquinas – eram acionados seguidamente pelos segurados, gerando um volume de trabalho – e de custos

– muito acima da média ou das expectativas. Investigando a causa dessa situação inusitada, verificou-se que a estabilidade da rede elétrica na região era ruim, causando muitos estragos nos aparelhos elétricos de uma forma geral, já que a maioria das pessoas não possuía (ou nem sabia que era necessário instalar) algum tipo de proteção contra essa instabilidade. E como o seguro cobria essa situação, também não havia grande preocupação em resolver o problema.

Questionado sobre essas circunstâncias, o pessoal da sucursal colocou três aspectos: primeiro, que eram cobrados por volume de vendas, e não por lucratividade – a qual até aquele momento não haviam tido acesso; segundo, os indicadores pelos quais sua remuneração variável era estabelecida – até então – concentravam-se em volume de prêmios (o valor cobrado pelo seguro); terceiro, os assistentes e os corretores não entendiam a relação entre prêmios recebidos e benefícios acionados pelos segurados (o que dava lucro, o que dava prejuízo).

Os executivos da "matriz", por sua vez, descobriram que estabelecer um padrão de venda nacional permitia ganhos de escala e facilidade de distribuição da oferta de seguros no país, mas ignorava condições e comportamentos específicos que poderiam até prejudicar o negócio.

A partir desse momento, três iniciativas passaram a ser desenvolvidas: obter a colaboração do pessoal de cada sucursal ou cidade, para avaliar como as condições específicas de cada local poderiam afetar as ofertas de seguros da companhia; definir a necessidade de *customizar* a oferta de seguros em determinadas áreas, levando em conta justamente essas condições específicas; e repensar a forma de remunerar pessoal de produção e corretores, não somente por volume de prêmios, mas também pela qualidade do risco de seguro gerado.

Para que "descobertas" como essas possam ser feitas, e para que as iniciativas se transformem em novos processos e políticas de negócios, é preciso sofisticar a gestão da *performance*, introduzindo ferramentas e sistemas que tragam os dados analíticos organizados de forma inteligente, que permitam identificar as situações que requerem um entendimento mais detalhado, de forma a definir eventuais alterações na oferta do produto ou serviço, nos processos de negócios que são executados na preparação ou distribuição desses produtos e serviços, no perfil das pessoas envolvidas nas vendas e suporte ao cliente, e eventualmente na forma de remuneração dessas vendas.

Os casos das empresas em que o processo de vendas admite certa autonomia de negociação para o vendedor – ou seja, o valor e as condições finais da venda, ainda que obedecendo a certos parâmetros, só serão realmente conhecidos quando o vendedor "fechar" o negócio – é uma excelente ilustração dessa questão.

Se o vendedor não conhece ou não entende como a sua decisão vai afetar o resultado financeiro daquele negócio, sua capacidade de "empreender" nas vendas fica bastante prejudicada. Além disso – como dito antes –, ele pode nem estar preocupado com isso, uma vez que o tema nunca tenha sido discutido com ele, e que seu foco tenha sido direcionado pelos seus chefes para atingir determinadas metas de volume. O vendedor pode acreditar que – conseguindo manter a negociação dentro dos parâmetros de autonomia – ele estará contribuindo automaticamente para a lucratividade desejada pela empresa.

Mas o valor realmente "embolsado" pela empresa em cada transação de vendas raramente é calculado com precisão. Para se chegar a esse valor é preciso subtrair do preço de venda um conjunto significativo de componentes: a maioria das empresas até armazena em seus bancos de dados boa parte dessas informações, mas elas costumam ser vistas de forma isolada, e geralmente pelo pessoal do financeiro, que consolida os indicadores de *performance* (ou de lucratividade) do negócio.

Só para termos uma dimensão do que pode significar "valor embolsado", avalie que componentes como "descontos", "promoções", "benefícios por pontualidade nos pagamentos", "bonificações (em produtos ou em dinheiro)", "fretes", "consignação", "custos de financiamento", "devoluções", "volatilidade no câmbio", "despesas de marketing", e vários outros de uma transação de vendas podem causar reduções importantes nas margens de lucro, ou mesmo eliminá-las em alguns casos mal administrados.

O caso de vendas com autonomia ilustra bem a necessidade de "educar" o pessoal interno nos conceitos financeiros que afetam a lucratividade do negócio, e a partir daí engajá-los em um processo colaborativo de discussão do que pode ser feito para melhorar as margens de lucro a partir desse melhor entendimento. Sim, porque além de tentar maximizar a equação financeira das vendas, a empresa precisa lidar com todos os itens de mercado que afetam essas vendas: estratégias e políticas dos concorrentes, cultura dos clientes (que também precisam ser ouvidos), diferenças regionais, aspectos de escala, dependência de fornecedores (que podem ser convidados a participar da busca de melhores soluções), restrições dos sistemas e processos que suportam as vendas, e assim por diante.

Cada um desses itens antes citados – uma vez discutido de forma objetiva e com os "números na mão" – pode gerar atitudes empreendedoras por parte de quem melhor conhece os detalhes e as dificuldades do dia-a-dia da empresa.

No momento em que os líderes do negócio perceberem que uma nova visão e um novo entendimento foram desenvolvidos a partir dessas discussões, eles podem introduzir uma mudança na política de remuneração – sua e dos demais funcionários – vinculando diretamente os ganhos à contribuição "real" de cada um nos resultados. A individualização dos ganhos é uma das ferramentas mais eficazes para motivar o empreendedorismo adormecido em cada profissional; a partir da introdução desse modelo, o profissional vai enxergar o seu "nicho" de atuação como algo a ser administrado como um negócio. Com a vantagem de continuar empregado e receber os benefícios previstos em seu contrato de trabalho – seguro-saúde, treinamento, carro em alguns casos etc. Um empreendedor com carteira de trabalho assinada.

Também existem muitos exemplos para motivar o empreendedorismo nas áreas de custos. Nesse caso, o objetivo é fomentar ideias e iniciativas que permitam aumentar a produtividade, eliminar o desperdício e adaptar a organização à escala e ao nível de despesas operacionais permitidos pelo negócio.

O promissor mercado de energia obtida por meio do uso da cana-de-açúcar, por exemplo, é um que merece atenção: são usadas enormes extensões de terra – próprias ou arrendadas – para o plantio e o cultivo, que se espalham por diferentes regiões geográficas, estas, por sua vez, apresentando condições de infra-estrutura bastante diversas (estradas, comunicação, etc.). Esse é um tipo de negócio onde os sistemas de informação são bem específicos, e foram construídos a partir da experiência de alguns profissionais conhecedores do assunto. Os indicadores são produzidos, mas dificilmente se encontra uma organização que consegue analisar os detalhes que diferenciam a produção nas diferentes "fazendas" que compõem a base do plantio. E justamente o custo de plantar, colher e enviar a cana para a usina costuma representar mais de 60% dos custos totais do negócio!

Analisar em detalhe a produtividade de cada uma dessas extensões "visíveis e controláveis" de terra pode trazer um *insight* fabuloso sobre como o custo médio da produção é formado, e que ações podem ser executadas (ou que boas práticas podem ser replicadas) para que o custo individual das fazendas baixe para patamares mais adequados. Será possível verificar, por exemplo, que o aumento no valor de arrendamento pedido por um determinado proprietário de terras pode até ser satisfatório, em função da produtividade alcançada nessa área.

Mas o mais importante para nós, aqui, são as motivações para empreender: o "gerente" de uma fazenda deve repensar seu papel de gestor, e perceber que há muito o que analisar, experimentar e trabalhar (com os demais funcionários) para melhorar os resultados do negócio e "valorizar" aquele pedaço de terra. Há muito conhecimento rural e local a ser explorado para verificar o que pode ser feito para colher a cana a um custo médio mais baixo. Quem sabe isso não abra espaço para que esse gerente e alguns de seus funcionários se tornem "consultores" de outras fazendas da empresa igualmente interessadas em ampliar a sua produtividade?

Começamos esse capítulo indicando que implementar ferramentas de gestão da *performance* pode ajudar a fomentar o empreendedorismo de profissionais melhor informados sobre os efeitos financeiros de suas decisões, principalmente se sua remuneração estiver associada a esses efeitos. Essas ferramentas são absolutamente necessárias? A empresa não poderia simplesmente fomentar um processo de colaboração e discussão e chegar aos mesmos resultados? Eu diria que é possível, mas muito difícil. É preciso apoiar-se em fundamentos sólidos sobre os resultados do negócio que – pelo menos para empresas acima de um certo tamanho (médias e grandes) – requerem o processamento de sistemas confiáveis de informação para obter esses fundamentos. Além disso, o mercado é dinâmico e as condições favoráveis de hoje podem ser o problema de amanhã. Portanto, é preciso estar sempre "visitando" os números que retratam a *performance* do negócio, para descobrir o que é preciso mudar, e continuar empreendendo.

Vale a pena perceber, ainda, como esse modelo de gestão da performance e fomento do empreendedorismo interno pode também ser visto como uma ferramenta de "gestão do conhecimento". Idolatrado há vários anos como a resposta para desenvolver talentos e multiplicar a capacidade de ação de uma organização, o *knowledge management* ainda é um desafio para a maioria das empresas: capturar, reter e disseminar conhecimentos relevantes para o negócio não é simples, e muitas vezes termina fazendo parte do "portal" interno (intranet) da empresa, onde sua aplicação depende de iniciativa individual para ser aproveitada. Atualizar esse conhecimento, então, é um desafio ainda maior. E muitas vezes esquecido.

Parte do problema em disseminar o conhecimento que pode fazer a diferença é dar um senso prático à questão: por isso penso que discutir e colaborar para encontrar as melhores soluções de *performance* na forma como a empresa realiza os seus negócios – e atrelar a remuneração a essa *performance* – é uma maneira de motivar a busca desse conhecimento que pode fazer toda a diferença entre ganhar mais ou menos no final do mês, do trimestre ou do ano.

capítulo dois

O "Karma" de Ser Gerente

*"Quase todas as pessoas podem suportar adversidades.
Mas se quiser conhecer o caráter de um ser humano, dê-lhe poder."*

(Abraham Lincon)

EMBORA O CARGO não seja um requisito e nem uma garantia para tornar-se um *intrapreneur*, é interessante observar as funções gerenciais no contexto do empreendedorismo: de alguma forma os gerentes já administram um negócio – às vezes de tamanho razoável dentro de suas organizações – e que requer atitudes empreendedoras para que as coisas funcionem bem, mesmo que isso não seja totalmente consciente, ou movido por ambições de crescimento e de carreira.

Gerentes são profissionais dos quais – cada vez mais – é esperado que tenham a capacidade de executar (como planejado) a estratégia definida para o negócio.

Segundo Antonio Guimarães, da Syngenta,

"Você precisa garantir que o meio da organização compre uma nova ideia, um novo modelo. Esse meio da organização é quem faz a roda girar. A gerência faz a roda girar."

São eles que realmente "correm atrás" do orçamento da empresa (algumas vezes preocupando-se mais com essa meta do que com a satisfação dos clientes). Apesar disso, seu poder de influência sobre os parâmetros financeiros estabelecidos é pequeno, ou quase nenhum. Para alcançar esses objetivos dirigem equipes usando políticas e procedimentos que foram estabelecidos por outros, mais acima na hierarquia da organização.

Sua área de atuação na empresa é limitada, e há certa dificuldade em mobilizar recursos e colaboração de outros departamentos ou de outros gerentes. Mas, apesar disso, são os gerentes que supervisionam diretamente a maior parte das operações diárias do negócio. E ainda há a questão da "melhoria contínua" nos processos, que não pode ser esquecida; ah! e garantir que o seu chefe "fique bem na foto" no momento em que os departamentos sob "sua supervisão" sejam avaliados. Isso é fundamental para um gerente que quer preservar a sua posição.

Com uma introdução onde alguns desses fatos são mencionados, uma edição especial da publicação americana *Harvard Business Review* introduziu várias análises do que significa viver no *middle management* das organizações.

E isso nos Estados Unidos, com amplas possibilidades de educação, definição clara de funções e responsabilidades, disponibilidade de bons empregos, e uma abundância de soluções tecnológicas e fiscais que facilitam a vida do profissional e da empresa.

Se considerarmos todos os países, com regras de negócios nem sempre claras, turbulências que alteram as condições econômicas de uma hora para outra, e muitos obstáculos na formação profissional, teremos o que poderia chamar-se uma das posições mais difíceis de serem administradas com sucesso. Apesar de invejada pela maioria da população, que vê nos *middle managers* seus verdadeiros chefes.

Gerenciando (Bem) as Pessoas sob sua Supervisão

"Grande parte do que chamamos management (gerenciamento) consiste em tornar as coisas difíceis para as pessoas executarem o seu trabalho."

(Peter Drucker)

Essa é uma questão para onde todos os pontos de vista dos consultores e filósofos de administração de empresas convergem: um gerente é visto como eficiente e capaz quando consegue maximizar as possibilidades de seu time de pessoas.

Para isso – se ele puder influenciar de algum modo, ou melhor, se tiver o privilégio de contratar seu time –, é preciso escolher muito bem os seus "colaboradores": o gerente que pretende ser um *intrapreneur* precisa ter no seu time a capacidade estendida ou adicional que necessita para colocar em prática as ideias e as transformações em que acredita. Isso significa escolher pessoas que o complementem de várias formas: no conhecimento, na experiência prática, na capacidade de analisar e testar detalhes para os quais outros não têm paciência ou temperamento adequado. Mas também em vários outros aspectos – você pode precisar de um pouco de ceticismo, para realmente investigar as limitações do que pretende propor, e antecipar-se a questionamentos que fatalmente virão; pode também precisar de alguém do tipo *show man (woman)* para ajudar no *marketing* da ideia; e mesmo de pessoas com formação não exatamente voltada para negócios – filosofia, ciências políticas, medicina, assistência social – para obter uma perspectiva diferente sobre os projetos que tem em mente.

Os estilos de gerenciamento variam bastante – do mais despótico ao mais amigável e compreensível –, mas o sucesso depende bastante de dois aspectos: ser respeitado por sua capacidade profissional, conhecimento do negócio a que se dedica e comportamento adequado na liderança dos trabalhos, combinado com encaminhar as pessoas sob sua supervisão de modo a aproveitar suas habilidades e qualidades, entendendo suas limitações, e onde "se encaixam" melhor no negócio. Às vezes, é preciso substituir alguém ou reduzir o quadro de pessoal, mas isso também é uma importante decisão gerencial.

De qualquer maneira, saiba que se decidir empreender as suas ideias, e se tem a sorte de trabalhar com um time com que pode contar razoavelmente bem, o eventual sucesso da iniciativa empreendedora deverá ser compartilhado desde o início, quando ainda não houver certeza de nada. Não se "aposse" da ideia, e nem tenha um ciúme louco pelo que julga ser algo só seu, cuja autoria deve ficar clara para todos que tiverem contato com a ideia. Não tome isso como uma elegia à ingenuidade – longe disso, o mundo dos negócios é cruel com todos que não cuidam de si mesmos –, mas saiba reconhecer o valor do time, e deixe claro que parte do sucesso alcançado, ou da promessa de sucesso da ideia, deve-se à sua capacidade de liderar um grupo de pessoas que se completa e que multiplica a sua capacidade de realização.

Sendo (Bem) Gerenciado pela Empresa em que Trabalha

"Você é tão bom quanto as pessoas que contrata."

(Ray Kroc)

As organizações normalmente subestimam as crises pessoais pelas quais passam seus gerentes: estes estão sempre avaliando qual deveria ser seu próximo passo na carreira (e se há espaço para isso), se esta é a empresa (ou a área) em que deveriam estar para continuar progredindo, se não é hora de balancear melhor o trabalho e a vida pessoal, ou se é chegado o momento de tentar "alçar vôo" por conta própria.

As empresas devem oferecer formas de reciclar o conhecimento desses gerentes, criar oportunidades que liberem a energia potencial armazenada nos indivíduos, mas retida pelas dúvidas, e, muitas vezes, pela falta de novidades que a situação atual apresenta.

É preciso utilizar ideias comprovadas como mentorização (*coaching*) dos profissionais por executivos que se tornam seus "patrocinadores" na organização, e que passam a conhecer melhor esses indivíduos, seu potencial e suas ambições.

Veja o que a IBM do Brasil faz, segundo Ricardo Pelegrini, seu Presidente:

> *"... um tipo de treinamento que chamamos de shadow program (programa 'sombra'). O profissional passa uma semana na 'sombra' de um executivo da IBM, entendendo como as coisas funcionam e participando de reuniões onde estratégias são discutidas e decisões são tomadas.*
> *Por exemplo, a pessoa está trabalhando em uma determinada área, mas se interessa muito pela área de serviços de infra-estrutura, porque o assunto o atrai e porque acha que pode ter boas chances de progresso. A IBM Brasil tem hoje mecanismos que permitem que essa pessoa tenha uma pequena experiência nessa outra área que a interessa, onde ela terá oportunidade de entender um pouco mais como as coisas se desenvolvem, verificar os requisitos para ganhar visibilidade se estiver trabalhando lá, e até confirmar ou não se o seu entusiasmo inicial permanece ou não."*

Mesmo combinações como treinamento associado à liberação do gerente por algumas semanas ou meses são hipóteses que valem a pena ser analisadas pelos líderes do negócio. Trata-se de fomentar o empreendedorismo interno.

Inovação

"Seja menos curioso sobre as pessoas, e mais curioso sobre as ideias."

(Marie Curie)

Um gerente que desfrute de uma boa combinação entre a performance da sua equipe e um suporte adequado da organização em que trabalha, está apto a produzir formas inovadoras de lidar com as questões da empresa. E isso significa ultrapassar as conquistas que resolvem apenas os problemas ou metas de curto prazo, e alcançar soluções que aumentam a competitividade da empresa e a fortalecem a médio e longo prazos.

Como observa Antonio Guimarães, da Syngenta:

"Mas o importante é a ideia de criar um clima de inovação na empresa. E isso produz uma energia nova na organização... porque se as pessoas sentem que a inovação dá resultados, começam a valorizar esses esforços, e logicamente o mercado 'vem junto'. Os profissionais sentem-se como líderes. E isso é uma tremenda fonte de motivação."

Ter uma Poupança Ajuda a Ser um Empreendedor

"O fim do mundo já não nos preocupa tanto quanto o fim do mês."

(Max Nunes)

AQUI, NOVAMENTE, não vou me esquecer daquelas pessoas excepcionais que constroem impérios a partir do nada: não tinham dinheiro, não tinham nada a perder, estavam falidos, foram enganados ou perderam tudo, mas "deram a volta por cima", e acabaram escrevendo seu nome na história do mundo dos negócios, apesar de todos os péssimos prognósticos. Essa não é a realidade da maioria das pessoas.

A maioria dos profissionais tem uma preocupação com o futuro, de como manter e melhorar o nível de vida, de como garantir o bem-estar de sua família, os estudos dos filhos (para que eles também tenham boas chances em sua vida profissional). Essas preocupações – embora saudáveis – são um obstáculo na análise imparcial das oportunidades que se apresentam em nossas carreiras, porque estas quase sempre vêm acompanhadas de algum risco.

O risco pode vir sob a forma do tempo de maturação necessário para que a oportunidade se concretize, tempo durante o qual podemos ganhar menos, não ter direito a bônus ou perder de vez a chance de voltar atrás. Também pode requerer algum investimento, ainda que pequeno: por exemplo, um período de "experiência" em uma nova empresa onde as condições financeiras prometidas ainda não estarão sendo recebidas, porque o profissional convidado para ocupar a posição deverá atuar alguns poucos meses como terceiro, "só para dar conforto a todos que a escolha foi correta".

Ter dinheiro para bancar com tranquilidade esses momentos faz toda a diferença do mundo. E como não dá para antecipar quando essas oportunidades vão aparecer, é preciso estar preparado, sempre. O prazo dessa tranquilidade varia muito de pessoa para pessoa. Já tive oportunidade de conversar com profissionais que afirmavam possuir recursos financeiros para sustentarem-se por dois anos, e ainda assim sentiam-se desconfortáveis em enfrentar a mudança e agarrar a oportunidade. Outros, com menos de seis meses "garantidos", pensavam ser essa a situação ideal para alçar novos vôos.

Há vários livros publicados nos últimos 50 anos que explicam como construir uma poupança e um belo patrimônio. Muitos deles até explicam "como ficar milionário". Aproveito para dar a minha contribuição, mas visando principalmente ajudar o profissional empreendedor a fazer uma bela carreira.

Mas, antes de provocar uma conclusão errada – a de que é preciso ter dinheiro guardado para ser um *intrapreneur* –, saiba que não, dinheiro não é um obstáculo para desenvolver sua carreira e suas iniciativas de empreendedorismo. Ao contrário, como já foi dito antes aqui, empreender é uma forma de ter o seu talento reconhecido e alcançar uma remuneração mais atraente. A intenção – ao falar no tema da poupança – é reconhecer que uma carreira profissional é construída ao longo de 20 ou 30 anos, e que durante esse período oportunidades interessantes podem nos pegar em momentos em que não estamos tão propensos a "arriscar" quanto em outros em que nos sentimos mais seguros e prontos "para o que der e vier". Ter uma poupança financeira não é garantia de nada, mas ajuda a criar esse sentimento de segurança que pode fazer a diferença na hora de definir-se por um novo caminho ou embrenhar-se em uma iniciativa inovadora sem que os resultados possam ser garantidos *a priori*.

Em primeiro lugar, é preciso pensar com a cabeça de um (bom) Diretor Financeiro. Você deve colocar-se como o CFO (*Chief Financial Officer*) de sua vida. Comece entendendo onde e como você gasta o seu dinheiro atualmente. Como você certamente tem acesso a um computador, utilize um dos diversos *softwares* de finanças pessoais disponíveis no mercado – que permitem uma gestão de receitas e despesas mais apurada – ou recorra a um *software* do tipo planilha – em que a maneira como você organizar os dados fará a diferença na hora de efetuar as análises (pode dar um pouco mais de trabalho).

Encontre uma classificação adequada para tudo o que você gasta: compras de supermercado, gastos com automóveis, educação, entretenimento, viagens, restaurantes, hobbies, esportes, despesas de moradia, vestuário, saúde, seguros, empregados, telefones, impostos, gastos extras com reformas e móveis, presentes, e tudo o mais que consome seu dinheiro de alguma forma. Quanto mais detalhes nesse controle, melhor, para que na eventualidade de precisar cortar alguma coisa, fique mais fácil analisar onde e como.

Analise, também, as suas fontes de receita. Se for unicamente o salário da empresa, fica fácil. Mas quem sabe você também tem outras fontes como o aluguel de um imóvel ou ganhos financeiros provenientes de algumas aplicações em bolsa ou em fundos diversos. A variedade aqui também pode ser grande, principalmente se considerando outros membros do grupo familiar que também contribuam com o seu trabalho para os ganhos da família.

Primeiro requisito: é absolutamente necessário que sobre dinheiro no final do mês. Muitos autores de livros de auto-ajuda apontam 10% como um valor mínimo aceitável, porque em dez meses você já estaria um mês à frente das suas despesas, e se continuar fiel ao princípio – e ainda por cima investir bem essa sobra de caixa – caminhará de forma progressiva a acumular meses de poupança em seu patrimônio, criando as condições ideais para avaliar boas oportunidades que requeiram algum investimento de tempo ou dinheiro.

Segundo requisito: revisar criticamente as despesas e identificar o que pode ser cortado e o que pode ser reduzido. Não há uma receita pronta nesse caso: o temperamento e a mentalidade das pessoas variam muito. O que é absolutamente necessário para uns é visto como supérfluo por outros. Mas independentemente disso, é preciso ser racional na maneira como os gastos são incorridos. Não gaste o que você não tem, ou o que comprometerá a evolução da sua poupança segundo os parâmetros que você estabeleceu. Reduza gastos, economize em pequenas e em grandes coisas. Sinta o prazer de ver sobrar algum dinheiro e perceber que novas possibilidades se abrem diante de você por causa disso.

Há alguns anos li um artigo sobre o comportamento de executivos em todo o mundo, que indicava que 10% ou menos dessas pessoas tão inteligentes e esclarecidas preocupavam-se em poupar dinheiro visando garantir um futuro mais tranquilo. Para mim foi uma surpresa, mas o autor do artigo explicava a verdadeira "necessidade" que esses executivos sentiam em gastar seus altos salários, basicamente por dois motivos principais: darem a si mesmos recompensas que julgavam merecer por ter tido tanto sucesso na carreira; e fazer perceber aos outros esse sucesso por meio de bens materiais, aparência e comportamento social. Vale a pena refletir e averiguar seus próprios conceitos sobre essa questão.

Terceiro requisito: não contrair dívidas cujo pagamento não esteja assegurado e consistente com o objetivo de continuar a acumular reservas. O mesmo Benjamin Franklin ao qual recorro com frequência para transmitir conceitos importantes por meio de frases bem construídas também disse que é "melhor dormir sem jantar do que acordar com dívidas". Pagar juros não é desejável, seja qual for a razão, mas às vezes é necessário, ou até vale a pena. Seja criterioso ao utilizar esse recurso financeiro. As coisas materiais normalmente não são urgentes. E não caia na falsa premissa de que é preciso demonstrar certo *status* (ainda que incompatível com os ganhos) para que as oportunidades surjam. Esse é um erro fatal. De qualquer forma, a dívida, idealmente, "já deveria estar paga". Ou seja, o dinheiro para o pagamento já deveria existir, ou estar assegurado em função de alguma receita negociada e confiável. Dizer que a dívida "já está paga" significa dizer que é possível separar o valor da dívida – como se ele não existisse – e não tocar nele enquanto o pagamento não tiver sido encerrado.

Algumas pessoas, ao lerem o parágrafo anterior, podem discordar do conceito usando como argumento que assim vai ficar difícil adquirir bens ou fazer viagens que acabam tornando a vida mais agradável, mais feliz. Não há como contestar isso, mas a melhor resposta é: avalie se esse prazer ou felicidade tem vida longa, ou apenas esconde um grave problema mais à frente. Não há como pré-julgar a situação de cada um. Esteja, pelo menos, ciente dos riscos.

Quarto requisito: saiba onde cortar quando a oportunidade se apresentar. A vantagem de ter a situação financeira "na mão" é justamente se preparar para o momento da oportunidade. Se ele surgir, e for verificada a necessidade de baixar os gastos para aguentar bem alguns meses, é ótimo saber o que fazer, e ter a tranquilidade de responder rapidamente e com segurança de modo a aceitar a oferta ou engajar-se em uma nova empreitada.

Ter dinheiro "sobrando" também ajuda a investir em si mesmo, buscando melhor qualificação ou recursos que fazem diferença na sua produtividade. Se a sua organização investe no seu treinamento e desenvolvimento, ótimo, mas você pode perceber oportunidades que dependam de sua própria iniciativa, como estudar certos idiomas, aprender determinados conceitos ou técnicas ou ampliar sua experiência cultural. Além disso, o mercado de tecnologia oferece recursos fantásticos de comunicação e pesquisa que nem sempre são distribuídos pelas empresas como benefícios (normalmente ficam restritos a um grupo de executivos). Mas o seu desempenho pode ser afetado positivamente pelo uso dessas ferramentas, e seria bom poder adquirir ou pagar a assinatura de algum produto ou serviço que torne seu trabalho mais produtivo ou mais eficaz, sem incorrer em problemas financeiros. Isso sim pode contribuir para demonstrar uma boa imagem profissional.

Vamos encerrar com uma frase jocosa do genial Oscar Wilde, que não deve ser tomada ao pé-da-letra, mas que tem lá seu valor como lição de vida:

> *"Quando jovens, imaginamos que o dinheiro é tudo. Quando velhos, descobrimos que é isso mesmo."*

Entrevista

Antonio Carlos Motta Guimarães
Presidente da Syngenta na América Latina

Antonio é formado em Engenharia Civil e obteve Mestrado em Finanças, além de ter participado do Programa Internacional do INSEAD.

Na Syngenta, atua como Líder para a América Latina do Negócio de Proteção à Plantação (Defensivos Agrícolas), com volumes de venda da ordem de US$ 2 bilhões.

Antes de tornar-se Presidente da Syngenta, Antonio atuou como o CFO (*Chief Financial Officer*) para a América Latina e CFO para o Brasil, com base em São Paulo.

Por seis anos atuou como CFO no Brasil da Moet Hennessy (LVMH), empresa multinacional francesa produtora de bens de consumo de luxo.

Em sua trajetória profissional incluem-se oito anos trabalhando para uma companhia brasileira de fertilizantes, como líder de Tecnologia da Informação, e outros oito anos trabalhando como desenvolvedor de sistemas na área de Engenharia Civil.

▶ **Antonio, pelo que já conversamos até hoje, e também pelo que eu sei sobre as operações da Syngenta no Brasil e na América Latina, a questão do empreendedorismo parece ter feito parte das atividades profissionais que você desenvolveu em sua carreira... pode comentar um pouco sobre isso?**

Eu sou engenheiro civil, e comecei minha carreira na Themag Engenharia, na área de Sistemas, programando em Fortran. Naquela época os engenheiros faziam os cálculos ou na mão ou em máquinas de calcular, e esses programas em Fortran poderiam facilitar bastante o trabalho deles. Eu desenvolvi programas para calcular tensões para a obra da Usina de Itaipu, e para calcular como o concreto esfriava na obra de Tucuruí, coisas muito técnicas.

Nessa época, surgiram os microcomputadores, como o Apple. Eu tinha um na minha casa, e mexia com o VisiCalc (a primeira planilha do mercado). Eu percebia que aquela tecnologia poderia ser usada para coisas maiores do que cálculos.

A Themag, por sua vez, ampliou o escopo de seus serviços e passou a oferecer aplicações administrativas, além das aplicações técnicas. Em um desses projetos – na Copas Fertilizantes –, eu acabei sendo convidado para ser o gestor da área de sistemas da empresa. Minha carreira mudou de engenheiro de aplicações técnicas e sistemas para gestor de TI.

Passei algum tempo na Copas, e lá surgiram oportunidades de aplicar tecnologia de uma forma que as pessoas não julgavam possível. Por exemplo, uma fábrica grande dessa empresa tinha um setor de faturamento onde trabalhavam dez pessoas; elas usavam um microcomputador com disquetes de oito polegadas para preparar as notas fiscais, que no final do dia eram levados para consolidação no computador central; as pessoas ficavam, então, esperando a impressão das notas fiscais, porque só era possível imprimir depois que todas as notas fiscais estivessem digitadas e armazenadas no computador central; além disso, durante a impressão, o computador não podia ser usado para outras atividades. Na época, eu li em uma revista que existia um recurso chamado *buffer* (uma espécie de armazenamento temporário) que permitia acumular os registros das notas fiscais e, dessa forma, liberar o tempo das pessoas e dos computadores. Descobrimos que não usávamos a tecnologia disponível em toda a sua intensidade, e por isso precisávamos de tantas pessoas para executar as tarefas.

Comecei a entender melhor como as organizações são rígidas na sua maneira de pensar: elas se concentram na forma como estão acostumadas a fazer as coisas, e muitas vezes ignoram soluções que estão na sua frente, mas para as quais não estão preparadas. Aprendi que era preciso ajudar a empresa a aprender, e que isso poderia fazer uma grande diferença.

Meu chefe na área de sistemas foi sempre o diretor financeiro, e então eu imaginei que para progredir na carreira precisava tornar-me diretor financeiro, também. Fiz mestrado na FGV, e depois disso fui contratado como gerente financeiro da Chandon do Brasil, onde me tornei Diretor Financeiro. Eu trabalhava pelo crescimento da empresa quando surgiu a Internet. Não entendia como a Internet funcionava, mas percebia que havia algo a ser explorado nessa tecnologia. Consegui convencer o presidente da empresa – um entusiasta pela tecnologia – a participar de um curso na Câmara Americana (*Amcham*) sobre o assunto. E começamos a fazer algumas coisas pequenas na empresa. Eu me lembro de ter comentado que poderia haver uma aplicação na comercialização dos produtos da empresa, ou na comunicação entre as pessoas, mas não levei a ideia à frente. Não investi na ideia e nem coloquei a organização para trabalhar sobre ela. Talvez por imaturidade minha na época, parecia-me algo muito distante para o momento. Eu não insisti, e hoje me arrependo disso. Se eu tivesse trabalhado para que a organização desenvolvesse a ideia da Internet, talvez a história da Chandon tivesse sido outra.

No ano de 1999 tivemos uma crise, o negócio da Louis Vuitton (dona da Chandon) era baseado em importação, e com a maxidesvalorização do dólar – e a LV mantendo o modelo de trazer produtos importados e não produzir no Brasil – eu acabei mudando para um novo setor, que é este onde estou hoje, baseado em exportação... exatamente o contrário... Você vende para produtores agrícolas que exportam a sua produção. Se a moeda desvaloriza, não é ruim para o negócio.

Houve uma fase inicial em que era necessário adquirir conhecimento sobre o negócio, estruturar o negócio, e eu comecei a trabalhar como Diretor Financeiro, passando a aplicar aqui as experiências obtidas com meus erros e acertos do passado. ◂

▶ E o que você pode contar sobre aplicar ideias empreendedoras na Syngenta?

Eu trouxe para a companhia a ideia de que precisávamos influenciar o modelo de negócios dos nossos clientes... Ajudá-los em seus próprios negócios. E dessa vez eu decidi que iria agir para que a organização aprendesse como fazer isso (*2001*).

Vou contar um caso que hoje é a base de operação da companhia: nós vendíamos o produto (*defensivos agrícolas*) para o agricultor. Como isso funciona: importamos produtos em dólares, transformamos o custo em reais, vendemos em reais para o agricultor (*respeitando as leis brasileiras sobre a comercialização dentro do Brasil*), o agricultor planta, e em nove meses ele vai colher e pagar para a companhia, em reais; só que o que ele planta – soja, milho – é exportado em dólares. O ciclo começa com dólar, acaba com dólar, e tanto a Syngenta quanto o cliente estão expostos em reais em todo o processo. No final, a companhia tem um contas a pagar em dólares, o agricultor tem um contas a pagar em reais, o negócio dele é em dólares, e nós não fazíamos um "casamento" de tudo isso, deixando uma série de flutuações de mercado – seja da moeda, seja da *commodity* – intervir nos negócios.

Isso porque nós ignorávamos como os clientes operavam. Então criamos um modelo que chamamos de *Barter*, que significa troca, escambo. Em vez de vender para o cliente R$ 100 mil, por exemplo, eu avalio que estes R$ 100 mil hoje em dólares valem US$ 40 mil. E se hoje eu consultar o mercado futuro de soja (*exemplo de um produto*), onde o cliente vai vender o seu produto, o preço está em US$ 40 por saca, significa que a minha venda equivale a mil sacas. Vamos fazer negócio com mil sacas hoje? Então eu, cliente, não preciso preocupar-me com o preço do dólar ou da soja? Não, você precisa preocupar-se em ter produtividade na sua cultura, que é o que você sabe fazer. E quando chegar lá na frente você me entrega mil sacas de soja. Você "topa"? Ótimo, isso resolve todos os meus problemas. E como quando fizemos o negócio com o cliente fomos à bolsa de futuros e compramos os direitos nesse preço, acabamos de fazer uma operação totalmente "hedgeada" (*coberta*) que não tem efeito negativo nenhum no meu balanço e que resolveu a vida do meu cliente. E hoje praticamente 50% das nossas vendas são nessa modalidade, e nós vendemos somente aqui no Brasil cerca de US$ 1,4 bilhão. ◀

> **Imagino que o problema maior não tenha sido desenhar esse modelo, mas colocá-lo em prática na organização. Você precisa demonstrar ao cliente que se trata de um bom negócio, e reformular os processos internos, que mudam completamente...**

Começamos por ensinar o pessoal a aprender: montamos uma academia de treinamento para o pessoal de vendas que mostrava como fazer parte de uma organização, como entender o problema do cliente.

Mudamos o sistema de remuneração do pessoal de vendas e o processo de avaliação de *performance* do pessoal de vendas. Primeiro você treina e depois você checa se o treinamento está dando os resultados que você queria. Em paralelo foram montados sistemas sofisticados de informação que determinam as alternativas que os vendedores têm à disposição para trabalhar. Antes os vendedores iam aos clientes vender e "pegar" o pedido. Nós passamos a fazer simulações de pedidos. O vendedor simula – na frente do cliente – várias alternativas, e com o conhecimento que adquiriu e as ferramentas que lhe dão o suporte, o vendedor pode fazer a venda de forma correta e honesta para o cliente, analisar o que é melhor para aquele cliente. Mas não se trata simplesmente da ideia daquele vendedor, e sim o resultado do trabalho de uma organização que quer proporcionar a melhor alternativa para aquisição dos seus produtos. ◄

> **E isso exigiu trazer para dentro da organização um conhecimento – além dos produtos e de suas aplicações – dos mercados em que o cliente trabalha?**

Sim, e ainda como funcionam as bolsas de mercadorias... a bolsa de soja em Chicago, a bolsa de algodão em Liverpool... ou a bolsa de café aqui no Brasil... porque tudo isso foi inserido no modelo de negócios, e era apresentado pelo sistema, por essas simulações todas. ◄

> **E por que um software... que é *on-line*?**

Porque com 300 vendedores trabalhando por todo o Brasil, as transações estão "caindo" continuamente na nossa tesouraria... Ao mesmo tempo estamos operando em todas essas bolsas de futuros. Para não ficarmos expostos em nenhum momento.

Nós mantemos uma operação interna que precisa acompanhar a forma como a venda está acontecendo no mercado, e o pessoal de vendas precisa acompanhar como os clientes estão operando...

Esse é um dos motivos que fez a Syngenta sair de 13,5% de *market share* (*participação no mercado*) para 20%. Cinquenta por cento de crescimento de *market share* em um mercado de sete bilhões de dólares.

O aprendizado é a solução. E aí a organização começou a pensar... Se nós já ajudamos os nossos clientes, porque só atuar nesse problema de moedas e *commodities*? Você começa então a ter esse senso de criação não somente no escritório, mas também no campo. ◄

▶ **E isso é um empreendedorismo de baixo para cima...**

Você criou o conceito, criou modelos que permitiram aos vendedores entenderem melhor o sistema de remuneração... Há toda uma conexão.

E veja o caso do algodão... Em algum momento eu preciso entregar o algodão lá no porto, para exportar, e o agricultor não sabe como fazer isso. É uma dificuldade contratar os caminhões... E eles vêm com fretes muito mais caros na época da colheita, porque é necessário fazer as entregas, inclusive para a Syngenta. Então, de novo, pusemos uma equipe para trabalhar na questão. Ora, se nós já estamos fazendo toda essa operação com um ano de antecedência, sabendo que o cliente vai entregar-me a mercadoria em certa data em outubro do ano que vem, por exemplo, por que esperar até outubro para contratar os fretes, se eu já tenho conhecimento do que vai acontecer? Então nós começamos a oferecer os serviços de logística. Do agricultor até o porto. ◄

▶ **Não somente a consultoria, mas a logística em si... passou a ser um novo negócio?**

Sim, um novo negócio criado dentro da empresa. Fazendo as operações um ano antes sabemos quantos caminhões precisamos, em que locais e em quais datas. Aí consolidamos essas informações e fazemos licitações via Internet, para que os fornecedores formulem seus preços, e caso ganhem as licitações, até comprem os caminhões, formem as suas equipes para estarem preparados nas datas marcadas, operando.

O planejamento melhorou, o grau de risco de prejuízos diminuiu e os nossos clientes passaram a valorizar a oferta desses serviços de logística. ◄

▶ **O cliente, além de comprar o produto, compra serviços que não eram ofertados antes...**

Sim, na época os nossos concorrentes não ofereciam esses serviços, passaram a fazê-lo em 2006 ou 2007.

Mas o importante é a ideia de criar um clima de inovação na empresa. E isso produz uma energia nova na organização... porque se as pessoas sentem que a inovação dá resultados, começam a valorizar esses esforços, e logicamente o mercado "vem junto". Os profissionais sentem-se como líderes. E isso é uma tremenda fonte de motivação. ◀

▶ **Quando você começou a pedir para as pessoas adotarem esse perfil empreendedor, como foi a reação? As pessoas estavam preparadas, e foi uma questão de treinamento, ou houve um choque, e foi necessário realizar algumas mudanças?**

No início há uma inércia muito grande. Você não pode deixar um *gap* (lacuna) entre os diretores e a equipe comercial. Você precisa garantir que o meio da organização compre. Esse meio da organização é quem faz a roda girar. A gerência faz a roda girar. Ao fazer a roda girar, há um processo automático de seleção das pessoas que se encaixam ou não no novo modelo. Quando as mudanças começam a acontecer, e se transformam em algo natural, os resultados positivos aparecem.

E veja, nós temos 300 vendedores. E 28 gerentes de vendas. Na prática, esses 28 eram a chave para assumir o novo processo. O mais difícil foi o *Barter (por onde começou a transformação do negócio)*, o *Barter* com a Logística já andou melhor, e hoje o time vem desenvolvendo outras iniciativas, de diferentes magnitudes, criando mais espaço no mercado... ◀

▶ **O desafio depois de uma inovação que gera uma vantagem competitiva é que os concorrentes aprendem, passam a oferecer a mesma coisa, e você precisa que o time interno continue aprimorando e buscando novos diferenciais... Parece ser o caso da Syngenta...**

Sim, nós precisamos de inovação no negócio principal, no *core business*. Precisamos para garantir o dia-a-dia e o lucro, para garantir a plataforma de negócios e pensar no longo prazo. Você não tem longo prazo se não passar pelo curto prazo.

E por isso mesmo nós pensamos... Por que só inovar no negócio em que estamos acostumados a trabalhar? O que nós podemos fazer em outros mercados, usando o conhecimento e a capacidade da companhia?

Criamos uma nova diretoria, a Diretoria de Novos Negócios. Mas os novos negócios não saem unicamente do trabalho desse time de profissionais. Logicamente a Diretoria de Novos Negócios participa do desenvolvimento de novas ideias, mas atua na estruturação e operação dos novos negócios, ajuda a fazer a "roda girar".

Montamos dois processos: um – *top-down* – que define quais são os passos para criar um novo negócio... *São cinco passos diferentes*, e em cada um deles tomam-se decisões para avaliar a passagem de uma fase à outra.

Começamos com a ideia, depois passamos ao *business model* (modelo de negócios), em seguida vem o *business plan* (plano de negócios) – para começar a dar um formato analisável –, depois *pilot* (piloto), e finalmente *implementation* (implementação).

Cada vez que uma ideia passa por uma dessas fases vai subindo o nível hierárquico das pessoas envolvidas na análise, e os critérios de aprovação tornam-se mais rigorosos. E os valores (dos projetos) vão crescendo. O importante é que os novos negócios são baseados no conceito de *pilot*, não vão para a operação enquanto não criam consistência, criam forma, é como o nenê que vai crescer. ◄

▶ **E o *pilot* inclui olhar processos, sistemas, coisas desse tipo?**

Isso ocorre na fase anterior, o *business plan*. O *pilot* testa isso tudo.

Vou dar um exemplo de um negócio que foi criado no início dessa iniciativa de novos negócios e que rompeu com os padrões vigentes.

Como comentei, fazemos o Barter de café... mas os agricultores vendiam apenas o café normal, enquanto o mercado de café especial lá fora é enorme e mais lucrativo! E não estávamos aproveitando esse mercado. O que podíamos fazer quanto a isso?

Primeira pergunta: que capacidades precisamos e ainda não temos? Precisávamos operar como *trading*, desenvolver contatos com os compradores do café especial, e até contratamos uma empresa de consultoria para ajudar-nos a montar esse modelo. Todos compraram a ideia, mas ainda havia um *gap* (lacuna): a Syngenta vende o agroquímico para os agricultores e eles pagam parte em café normal e parte em café especial, mas eles não produziriam o café especial se nós não os ajudássemos nisso. O café especial, como eu disse, tem no mercado futuro do torrefador um preço muito melhor, e com isso diferenciamos a Syngenta no mercado, mas é preciso operar como *trading*, coisa que não tínhamos capacidade naquele momento.

Então, há três anos, montamos tudo isso, uma nova empresa, e criamos um time separado que começou a pilotar o novo negócio. O ano passado foi o último ano do piloto. Neste (2009) já está em operação normal e já é lucrativo. ◄

▶ **Foi uma oportunidade para criar uma *trading*, e isso ainda atrai novos negócios...**

Sim, é um negócio com uma enorme amplitude: enquanto o mercado de café normal cresce 1% ou 2% ao ano, o mercado de cafés especiais está crescendo 10% a 15% ao ano! Tínhamos um grupo de clientes que só acessava o mercado de cafés normais e vendia o seu café normal para alguém que o manuseava e buscava extrair 1% ou 2% de café especial para vender; agora o cliente pode produzir 10% ou 15% de café especial, e ele mesmo usufrui o resultado, e a Syngenta opera isso tudo para ele! ◄

▶ **Para que o agricultor passasse a ser um produtor de café especial vocês fizeram algum trabalho específico?**

Sim, definimos o protocolo, é preciso ter toda a *traceability* (capacidade de determinar a origem) da fazenda; cada saca desse café especial tem um código de barra que guarda toda a história do produto. ◄

▶ **Vocês ajudaram o cliente a se preparar e a se organizar para poder assumir esse papel...**

Exato, envolvemos instituições que homologam essas certificações internacionais e treinamos os clientes. Vendemos a ideia completa, coordenamos tudo isso. Cada saca de café especial produzida tem um código de barra; a pessoa que está comprando lá fora sabe que se entrar na Internet com esse código de barra obterá informações sobre quem produziu, onde, pode verificar que é garantido contra exploração de mão-de-obra infantil, porque isso é importante para a imagem da empresa que comercializa o café no exterior. Café especial não é só qualidade, é imagem também. Todas essas coisas foram modeladas e operacionalizadas. O agricultor não seria capaz de fazer tudo isso sozinho. Montamos toda uma empresa para fazer isso por ele. ◄

▶ **E é a área de Novos Negócios que coordena ideias como essa... Como anda a geração de novas iniciativas?**

Hoje geramos centenas de ideias aqui na Syngenta. São ideias de todos os tipos, desde pequenas reduções de despesas até a criação de novas empresas. Elas vão passando pelos pontos de decisão e se movimentando nesse modelo. Atualmente temos quase 30 ideias caminhando.

O que avança nesse modelo são os novos negócios. Ideias que tratam de cortes de custos são enviadas para outro tipo de avaliação, e são remuneradas, reconhecidas e premiadas, mas trata-se de um outro processo.

Agora veja o que estamos fazendo no segmento de cana-de-açúcar: um dos nossos pesquisadores começou a questionar o fato de que se plantava cana do mesmo jeito há 200 anos – usando toletes (mudas) de 40 cm. Por que não usar uma muda menor, que tenha uma capacidade de desenvolvimento acima da média e aumentar tremendamente a produtividade? O pesquisador realizou alguns testes e verificou que seria possível chegar a uma muda com essas características, com a adição de alguns produtos na formação da muda.

O natural seria que a Syngenta vendesse esses produtos para os seus clientes do segmento de cana, mas o que decidimos foi algo diferente: montar um novo negócio para vender a muda pronta. Passamos a ideia pelo modelo de avaliação que descrevi há pouco e verificamos – no *business plan* – que se tratava de um negócio de milhões de dólares. Nesse momento estamos na etapa do piloto: temos 45 pessoas organizadas em uma nova empresa, e acabamos de construir a planta. Estamos em contato com todas as usinas (de açúcar e álcool), e estimamos que esse será um negócio que no seu auge alcançará US$ 300 milhões.

Todos na empresa, quando se interam desses novos negócios, sentem-se orgulhosos de participar da organização. Aquela situação original que criamos lá atrás, com todos procurando criar soluções para o negócio principal, continua em expansão, está no DNA das pessoas.

O projeto NuCoffee já está no ar, e o *Plene* (cana-de-açúcar) vai até o final de 2010 como piloto, e em 2011 começa suas operações normais.

Mas o pessoal da área comercial já está interessado em participar desde agora.

E temos inúmeros outros projetos em fase de desenvolvimento. Alguns não vão dar em nada, não adianta você esperar obter sucesso em todos. Mas o importante é criar essa cultura no pessoal de que é possível fazer as coisas de forma diferente. Eu não gostaria de mostrar isso como sendo empreendedorismo de uma pessoa ou de um grupo, é de toda a empresa! ◄

▶ **Essa é exatamente a linha que eu estou desenvolvendo no conceito de empreendedorismo interno: estou tentando acabar com aquela ideia do herói isolado, mostrar que é um processo de colaboração...**

E a multiplicação, o efeito sinérgico, são coisas fantásticas. Depois que você faz a roda girar nessa direção o negócio "vai embora". Você só tem que garantir a alimentação do processo. E ter uma equipe bem preparada. ◄

▶ **Você falou da remuneração variável, e isso é um dos elementos que eu coloco como motivação do empreendedorismo interno. Gostaria que você comentasse um pouco sobre essa questão. Como funciona?**

Na minha visão, as áreas de vendas costumam criar relações muito pessoais entre os vendedores e seus gerentes, ou entre os vendedores e seus clientes. Em minha opinião, essas relações pessoais atrapalham o desenvolvimento dos vendedores, das equipes e das implementações de estratégias de negócios mais sofisticadas. Então, como montar uma relação sadia com uma remuneração correta, agressiva, e ao mesmo tempo criar uma situação em que você possa desenvolver modelos diferentes na organização, que sejam aceitos por todos e que coloquem todos "correndo atrás" de executá-los bem?

A remuneração variável dos nossos vendedores é toda baseada em indicadores. Não existe avaliação pessoal. Implementamos essa forma de compensação em 2003. Acabamos com a avaliação pessoal que apontava bons e maus vendedores; tanto o bom quanto o mau vendedor podem produzir bons e maus resultados.

Além disso, ao decidir pautar a remuneração em indicadores, precisávamos de poucos e bons indicadores: criamos quatro, cada um contribuindo com 25% da remuneração do vendedor.

Com a introdução dos indicadores, eliminamos as avaliações viesadas entre vendedores e gerentes. Precisávamos, ainda, eliminar a relação vendedor-cliente. Em lugar de remunerar os vendedores pelas vendas realizadas, nós os remuneramos pelo consumo efetivo dos nossos produtos. Todos os nossos produtos vão para a distribuição, e nós controlamos os estoques dos nossos distribuidores: quando eles vendem os produtos, então o consumo acontece. E é isso que reconhecemos como venda. Trata-se de uma grande mudança nesse setor de negócios.

Nós controlamos o estoque dos nossos distribuidores, e fazemos uma conta simples: vendas menos estoque dá o consumo. E isso forma o primeiro indicador da remuneração variável. E ainda nos dá a visibilidade de como os nossos distribuidores operam, e de como está a posição dos produtos da Syngenta em todo o Brasil a qualquer momento. ◂

▶ **E como você controla o estoque desses distribuidores, como funciona?**

Eu acompanho através de sistemas. Até o final do ano passado funcionava como uma conexão mensal. Os maiores distribuidores já estão *on-line* a partir deste ano (2009). ◂

▶ **Quer dizer, na verdade você olha para a cadeia de valor inteira...**

Isso! Se um distribuidor não está vendendo certos produtos como estava previsto pelos nossos planos, nós identificamos a situação. Acompanhamos cada distribuidor, cada produto. Sabemos quais são os nossos planos de vendas, e jogamos contra isso, tudo feito por sistemas. O importante é que o vendedor pense da mesma forma como a companhia é administrada. Há um alinhamento muito grande. ◂

▶ **Não adianta o vendedor "empurrar" um produto...**

Mesmo que ele tenha feito a venda da forma correta, os nossos sistemas vão pegar... O que torna o vendedor o primeiro a propor soluções para o distribuidor. ◂

▶ **O que o coloca novamente em uma posição de empreendedor...**

Por isso, os indicadores precisam representar o negócio que ele opera. A remuneração variável funciona como o lucro do negócio do vendedor.

O nosso segundo indicador está associado ao consumo dos produtos que a Syngenta quer vender. Não é o que o vendedor pode vender, mas sim o que a companhia quer que ele venda!

O terceiro indicador está ligado aos prazos de recebimento. Chama-se DSO, *Days of Sales Outstanding*. Ensinamos aos vendedores esse conceito: ensinamos que quanto menor o DSO na carteira de vendas do vendedor, melhor para a empresa, e que isso resultará em maiores prêmios para ele. Mesmo no modelo *Barter* (troca), a presença desse indicador permitiu ser criativo, e criar o que os vendedores chamam de *Barter* "à vista". Essa criatividade acontece porque eles entendem a mecânica do negócio. Ao reduzir os prazos do contas a receber, os vendedores reduzem também os riscos do negócio, porque atuamos em um mercado volátil. Esse indicador é fundamental para que esse processo ocorra da melhor forma possível.

O último indicador é o preço. A formação do preço no nosso negócio é algo um pouco sofisticado: há o *rebate* (margens dos distribuidores), condições de pagamentos, fretes. Aplicamos o conceito de *pocket price*: é o preço líquido que a empresa efetivamente recebe, depois de todos os descontos e acréscimos aplicáveis àquela transação. Esse indicador faz com que o vendedor atue como "dono": ele negocia com o cliente todos os componentes do preço; em lugar de pedir ao seu gerente mais descontos, ou melhor comissão para o distribuidor. Investimos muito em treiná-los para tornarem-se bons negociadores de preços.

Com 300 vendedores e cerca de 30 gerentes de vendas, eu preciso de 330 x 4, 1.320 indicadores. E como eles são estabelecidos? Através de um planejamento realizado no começo do ano, *bottom-up* (de baixo para cima), que, depois de aprovado, volta sob a forma dos indicadores individuais. ◀

▶ **Isso é muito interessante, porque o maior problema das empresas é fazer a ligação entre a estratégia e as operações. Você obtém o comprometimento do time ao fazer o planejamento *bottom-up*, e depois devolve os instrumentos de cobrança desse compromisso de forma individual, como 1.320 indicadores...**

E agora vamos para a próxima fase... Como se implementa isso?

Eu não posso esperar o final do ano e dizer: "Surpresa, você ganhou tanto!" Não pode ser assim.

No começo, calculávamos todos os meses como cada um estava em relação aos seus objetivos. Os sistemas faziam isso. Veja que a minha cabeça, depois de tantos anos, ainda é de sistemas...

Mas achamos que isso não era suficiente.

Introduzimos, então, simuladores de vendas. Não somente para discutir alternativas de vendas com os clientes, mas também para calcular como aquela transação, feita de certa maneira, colaborava com a formação dos indicadores, se melhorava ou piorava o resultado. Os vendedores simulam com o cliente as diversas formas de vender os produtos, mas há uma parte oculta onde eles podem verificar o efeito dessa transação sobre os seus indicadores. E isso influencia muito a forma com que eles operam.

Os indicadores refletem as necessidades do nosso negócio como um todo, e ao mesmo tempo são indicadores que têm validade porque foram os próprios vendedores que nos deram aqueles objetivos.

Nas reuniões de vendas cada um recebe uma carta com os seus quatro indicadores. E vão acompanhando mensalmente a sua evolução. E a cada oportunidade de negócio é avaliado o efeito que esta terá sobre a *performance* individual. ◄

▶ **Muita tecnologia envolvida nisso...**

Tanto que os computadores precisaram ser trocados, e todos precisam estar *on-line* a maior parte do tempo, mas esse é o diferencial. ◄

▶ **Isso é interessante, porque a tecnologia sempre sofre restrições; as empresas sempre se perguntam até que ponto vale a pena colocar dinheiro em TI. Aqui você está conseguindo ligar a tecnologia não só com a operação, mas com a estratégia do negócio diretamente...**

Eu acho que esse é o ponto principal, nós não faríamos nada sem a tecnologia, sem essas soluções. Por outro lado, tem muito de liderança, de movimentar as pessoas, de validar tudo o que você está desenvolvendo.

E também inserir um DNA que não existia na organização, um DNA de criatividade, de fazer, de trazer, e no final o resultado é um negócio extremamente lucrativo, um crescimento de *market share* (participação de mercado) em um mercado extremamente competitivo.

Em 2003, quando nós começamos, nosso maior concorrente tinha mais de 18% de *market share*, e nós, 14%, talvez 13,5%. Hoje temos 20% e esse concorrente tem 14%. Não somente ganhamos, como meu concorrente perdeu. E veja, seis pontos de *market share* em um mercado de US$ 7 bilhões são US$ 420 milhões a mais em vendas, em um negócio que tem uma margem grande. Isso faz muita diferença.

Os investimentos são 50% em computadores e *software*, mas 50% em treinamento, em pessoas. ◄

▶ **Como é esse investimento em treinamento de pessoal?**

Trata-se de um grande investimento, que consome quatro semanas por ano de cada profissional. Desenvolvemos as competências que julgamos importantes para que o profissional possa ter uma boa *performance* no nosso negócio, e acrescentamos conhecimentos de tecnologia, finanças e gestão de preços. Fornecemos *workshops* que abordam o tema criatividade. Investimos no entendimento dos processos de negócios. Os gerentes têm um papel fundamental nessa iniciativa. ◄

▶ **As operações da Syngenta dependem dos distribuidores, também... como eles entram nessa estratégia de negócios?**

Sim, a maior parte de nossas vendas passa por distribuição, e procuramos fazer de cada distribuidor uma "mini-Syngenta". A eles também é destinado parte do orçamento de treinamento, e cada um é considerado um parceiro importante de negócios. Premiamos os melhores distribuidores pela sua *performance*.

Eles nos ajudaram muito nesse crescimento do *market share*, e por isso mesmo viraram alvo dos concorrentes, que passaram a oferecer vantagens para que esses distribuidores passassem a trabalhar com eles. Afinal, um bom investimento em treinamento e preparação já havia sido feito.

Há cerca de um ano e meio atrás, então, passamos a aplicar os quatro indicadores também aos distribuidores e, assim como os vendedores, eles passaram a obter uma remuneração variável muito atraente. Parte do *rebate* (margem do distribuidor) – dependendo da *performance* – pode ser aplicado em ações da Syngenta, o que os torna sócios do nosso negócio, e ainda mais interessados em vê-lo crescer.

Como se trata de uma empresa lucrativa – e com a ajuda deles deve permanecer assim –, há possibilidade de obter uma grande valorização das ações a cada três anos. Eles passaram a pensar como acionistas.

Abrimos, via banco BBA, um fundo em Zurich para que eles possam aplicar e controlar o capital, que funciona como uma espécie de "aposentadoria" para os distribuidores. Os valores envolvidos tornam-se atraentes para essas pessoas, que começam a perceber uma garantia maior para o seu futuro.

Nosso *turnover* (demissões) interno atual fica entre 2% e 2,5%, e o dos distribuidores chegou a zero. Um detalhe, os distribuidores também assinam o plano anual que determina as metas da empresa e os indicadores individuais.

Conseguimos fazer com que as pessoas – profissionais internos e distribuidores – percebessem que o negócio é delas, criado por elas. Conseguimos implementar a ideia. E temos a capacidade de execução. Geramos um negócio de US$ 1,4 bilhão a partir de um ponto inicial de US$ 400 milhões, sem fazer aquisições de outras empresas. Em menos de oito anos. ◄

parte cinco

CONHECIMENTO E AUTOCONHECIMENTO

capítulo um

Reputação Profissional – Seu Maior Ativo & Relacionamento É Tudo!

"Quando seu trabalho falar por si mesmo, não interrompa."
(Henry J. Kaiser)

"Quem tem amigos, tem tudo!"
(Dito popular)

NOS PAÍSES DA AMÉRICA LATINA – que estão longe de produzir uma economia de "pleno emprego" como já existiu em outras partes do mundo, particularmente nos países desenvolvidos durante os "bons tempos" –, conseguir uma ocupação de carteira de trabalho assinada (um emprego "formal") que permita levar um salário decente para casa todo fim de mês – e quem sabe mais alguns benefícios como seguro-saúde ou vale-alimentação – é uma meta de sobrevivência; e a diferença entre talvez permanecer na desejada situação de classe média, ou enfrentar dificuldades financeiras aterrorizantes, para as quais a maioria das pessoas não está psicologicamente preparada. Mesmo nos países desenvolvidos, as crises econômicas que, volta e meia, assombram os mercados já mostraram que "emprego" é algo volátil e que a aparente riqueza ou situação confortável que o profissional desfruta em certo momento não é garantia de um futuro promissor.

As histórias traumáticas de enxugamento das organizações, o estresse na operacionalização de aquisições e fusões e os bônus que levam todos a pensar no curtíssimo prazo geraram no profissional a percepção de que sua empresa não é tão leal para com ele quanto era sua expectativa.

Todos nós desenvolvemos – nos últimos anos – um senso crítico mais aguçado em relação às organizações em que trabalhamos, passamos a enxergar mais claramente os seus defeitos e as suas limitações. Percebemos como somos vulneráveis às mudanças de humor dos mercados (ou dos nossos chefes), ou como nosso salário (ou nosso "custo", como alguns executivos gostam de ressaltar) pode ser transformado em moeda de troca para preservar gestores com competência questionável para "tocar" o negócio.

Em função disso, o *emprego* é algo a ser administrado com todo o cuidado, principalmente se ele for "bom" no contexto das alternativas disponíveis. Fala-se menos no "trabalho" que se executa, e mais na "função" que se ocupa.

É por essa razão que atualmente muitos profissionais de todas as categorias procuram fazer as coisas pensando muito mais no que contribuirá diretamente para preservar a sua carreira na empresa, em lugar de avaliar como sua capacidade pode agregar valor ao negócio da organização em que *trabalha*: se as duas coisas puderem andar juntas, ótimo; mas a prioridade é manter o emprego. As empresas respondem a essa situação com o estabelecimento de metas agressivas, que se espalham por todas as áreas da organização, mesmo por aquelas que não atuam em vendas ou produção, de modo a capturar boa parte desse esforço de preservação, e transformá-lo em algo útil para o negócio. Quadrinhos como "Dilbert" fizeram um tremendo sucesso no mundo inteiro por terem sido pioneiros na exposição dessa situação que muitas vezes beira a hipocrisia.

Mas, até prova em contrário, só temos essa vida para aproveitar, e deveríamos tirar dela a maior satisfação possível. Para isso é preciso estar feliz com o que se faz, e sentir-se valorizado pela contribuição que se oferece. Não são as empresas que vão liderar a resolução dessa questão: elas são organismos que se alimentam de resultados financeiros, não de calor humano, e como toda organização social, há os (poucos) que mandam e os (muitos) que obedecem enquanto não vêem outra saída.

A única solução é diferenciar-se: isso requer perceber o que se faz de melhor, aprimorar-se, entender que outros aspectos complementares agregam valor e o diferenciam cada vez mais, e conseguir o reconhecimento de ser um profissional acima da média. Ou seja, *construir uma reputação* que se torne a verdadeira moeda de troca com o mercado em que se pretende atuar. Essa *reputação* – para tornar-se um ativo – precisa ser "percebida": é preciso tornar-se referência na profissão, ser admirado (ou mesmo invejado) pelos seus pares, porque as empresas, apesar de impessoais e pouco leais ao seu quadro de pessoal, não podem dispensar o talento, que, por sua vez, é insubstituível: só pode ser trocado por um talento maior ainda, o que geralmente é caro e difícil.

Veja o que diz Mário Fleck, CEO da Rio Bravo:

> *"Na minha visão, o profissional precisa ter relevância na empresa em que trabalha, no meio em que atua. Essa é a principal característica do profissional empreendedor. Ele tem iniciativa, reconhece a imensidão de oportunidades que se apresenta nos negócios. Possui a sensibilidade para identificar novos mercados, novos clientes.*
>
> *O profissional relevante é que aquele de quem você – como líder de negócio ou executivo – quer depender. São pessoas que claramente somam, agregam valor."*

Isso vale para todos os tipos de ocupação, não apenas para o nível executivo. Ao contrário, o bom executivo é aquele que sabe administrar e preservar talentos. E isso – saber preservar talentos – também é um talento a ser aperfeiçoado (Charles De Gaulle disse que "talento é um título de responsabilidade").

Para cada profissão existem caminhos de diferenciação a ser explorados: tecnologias que sofisticam as formas de execução; idiomas e outros aspectos culturais que ampliam os horizontes de atuação; exposição de ideias sob a forma de artigos e palestras que alargam os contatos e o inserem em novos círculos profissionais; aproveitamento inusitado de produtos ou criações de outras áreas de atuação, juntando coisas de forma pioneira e revolucionando a profissão em que se atua. Ou seja, é preciso estudar... sempre. Descobrir novas possibilidades em torno do que se faz.

Aquele profissional que dedica com afinco todas as suas preciosas horas aos processos da empresa está assumindo grandes riscos. Uma parte do tempo precisa ser usada para estudar e atualizar-se, e algum tempo também deve ser investido em relacionamentos fora da empresa (sabe aquele congresso anual ao qual você nunca vai? É bom estar lá da próxima vez). Até porque esses relacionamentos podem ajudar a trazer oportunidades e negócios para a sua organização. Não é preciso ser tão egoísta imaginando "que lá fora só vou cuidar da minha vida".

É bom lembrar, também, que o mercado cada vez mais se baseia na construção de parcerias entre as empresas, e utilização de terceiros nos modelos de negócios. Ter boa capacidade de comunicação, ou simplesmente conhecer as pessoas certas, pode alavancar a carreira em um quadro como esse. Pense em quantos novos cargos e inéditas descrições de funções foram criados nos últimos anos: relacionamento, inovação, eficiência operacional, excelência, integração são palavras-chave que nomeiam ou descrevem posições importantes, ocupadas por pessoas que perceberam essa transformação nos negócios.

Alcançando essa *reputação profissional*, o indivíduo vai descobrir que passa a fazer parte de um novo mercado: ele aumenta a sua "empregabilidade" – o desejo de organizações pela sua contratação – ou então alcança a sua autonomia – ganhando um *status* em que o profissional tem a capacidade de atuar por conta própria. Não necessariamente abrindo o seu próprio negócio – que como já vimos requer alguns atributos "especiais" –, mas sendo uma referência em determinado assunto, e passando a gerar uma demanda por suas opiniões, métodos e recomendações.

Compartilhar ideias com pessoas que adotam os mesmos valores e visões também merece atenção e investimento de tempo. Aqui pode haver um misto de interesses profissionais e pessoais, assuntos técnicos ou outros temas, tudo isso faz parte da formação do indivíduo. As funções executivas, principalmente, requerem cada vez mais uma visão holística e uma vivência que permitam "navegar" por diferentes assuntos e ambientes. Discutir os rumos da profissão em que se atua, considerar a sofisticação crescente das questões éticas e sociais, lidar com diferenças culturais, perceber a necessidade de dar visibilidade às decisões e às suas consequências, aprender a tratar as pessoas menos como "recursos" e mais como "humanos", são exemplos de temas em que vale a pena investir algum tempo de pesquisa, debate, ou de simplesmente conhecer alguns pontos de vista a respeito, para engrandecer-se como profissional.

Construir uma *reputação* é uma tarefa a que todo profissional deveria dedicar-se com afinco, porque nos mercados globalizados e impessoais em que vivemos esse talvez seja o único e verdadeiro ativo que o indivíduo possa contar para evoluir em sua carreira.

E lembre-se, produtos se *comoditizam*, relacionamentos, nunca!

capítulo dois

O *Intrapreneur* Usa Bem os Recursos de Tecnologia

"Computação não se refere somente a computadores, computação tem a ver com a vida."

(Nicholas Negroponte)

Ao escrever essas páginas, já tenho mais de 30 anos acumulados no mercado de Tecnologia da Informação (que já foi chamado de computação e informática), e pude assistir em posição privilegiada à enorme transformação que a tecnologia proporcionou, e à impressionante evolução que a própria tecnologia experimentou ao longo desses anos.

No início, tecnologia era algo que muito poucos entendiam, e a enorme parafernália envolvida no processamento de dados – máquinas enormes e cheias de luzes, salas refrigeradas, pisos especiais, cabos elétricos coloridos – afastava a maioria dos "não iniciados", que via um mistério naquilo tudo. O pessoal de tecnologia soube usufruir bem essa fase em que entender de "informática" era garantia de emprego, bons salários e algumas viagens internacionais para manter-se atualizado.

Hoje qualquer criança mexe com desenvoltura em computadores que possuem uma capacidade de processamento muitas vezes superior àqueles dos anos 1960, 1970 e 1980.

Somos todos usuários de tecnologia – temos nosso endereço de *e-mail*, consultamos alguns *sites* da Internet regularmente, pesquisamos uma vez ou outra um assunto no Google, escrevemos no Word e deixamos o papel apenas para pequenos lembretes ou anotações rápidas.

O *intrapreneur* reconhece o valor da tecnologia nas suas atividades, e principalmente no que tem relação com o que pretende empreender. Ele percebe que a tecnologia amplia sua capacidade de pesquisa, comunicação, relacionamento, e pode ter um significativo impacto positivo sobre a sua produtividade.

A geração que assumirá o comando das coisas daqui a alguns anos usará todos esses recursos de comunicação e relacionamento com mais desenvoltura do que o grupo atual, para quem essas novidades e possibilidades foram introduzidas em uma fase mais madura da vida.

Mas, apesar disso, há muito o que aprender e explorar, e é fundamental ver essas novas tecnologias como algo que merece atenção, pesquisa e entendimento. E não como algo "dos jovens", que exige muito tempo na frente do computador, ou que fará com que "eu me exponha desnecessariamente".

Os chamados recursos da Web 2.0 – a nova geração de tecnologias da Internet, voltada para as redes sociais – vêm sendo estudados seriamente por muitas empresas (particularmente aquelas cujos negócios atingem milhares ou milhões de pessoas), e creio que na medida em que esses estudos indiquem as melhores formas de se aproveitar esse potencial, veremos os investimentos crescerem nessas aplicações, e novas funções sendo criadas para planejar e gerir o uso desses recursos.

Para o *intrapreneur*, essa situação abre inúmeras portas de possibilidades de crescimento e de impulso em sua carreira. Ele precisa fazer parte dessa nova onda e investigar como posicionar-se no novo modelo de negócios que certamente surgirá a partir das experiências que serão desenvolvidas pelas organizações.

Um bom começo é explorar um pouco essas novas tecnologias e ideias – sem compromisso – para entender o seu alcance, suas características, suas limitações e riscos, seu *timing*, suas possibilidades.

Por exemplo, participar de um *blog* e verificar como seus comentários vão gerando reações (ou não) e levando a outros temas. Quem sabe tentar comandar um *blog*: é um desafio e tanto. Existem dezenas de milhões de *blogs* no mundo, e muito poucos alcançam uma participação relevante, como era de se esperar. Você manda *e-mails* para os amigos pedindo que participem e divulguem, e trabalha duramente para produzir o melhor conteúdo possível. Seus sonhos de fama (e quem sabe fortuna) começam a passar pela sua mente, mas poucos dias depois do lançamento já fica claro que não é tão simples assim. Os amigos "fizeram a sua parte", mas a maioria não está realmente interessada nisso. O processo de divulgação também não é tão efetivo, porque a maioria das pessoas não costuma recomendar algo na Internet, a menos que seja um fã incondicional do conteúdo. Mas a experiência vai ensinar muita coisa, inclusive sobre as suas vocações.

Percebendo essa dificuldade, um dos precursores do *blog* criou o *miniblog* – mensagens curtas com menos de 200 caracteres, enviadas para uma rede de contatos pré-cadastrados (uma "rede social"), onde você pode alertar as pessoas sobre o que está fazendo e direcioná-las para o *site* onde obterão maiores detalhes sobre isso.

Essa ideia da mensagem curta e com conteúdo relevante é algo que o *intrapreneur* precisa estudar seriamente. Não necessariamente usando o Twitter (*miniblog*), mas pelo menos focando em entender como essa forma de comunicação pode criar um "movimento" em torno de uma ideia ou de uma ação.

As redes sociais – representadas por iniciativas como Orkut, Facebook, MySpace e outros – são atualmente objeto de pesquisa de muitas empresas, começando em publicidade, passando por bens de consumo, e chegando ao setores industrial e financeiro. Essas redes são frequentadas predominantemente pelos mais jovens – que um dia serão os principais consumidores do mercado –, mas se você não for mais tão jovem, e decidir entrar em uma dessas redes, vai verificar que o número de "mais velhos" já não é tão desprezível. Nessas redes você se expõe mais e, assim como nos *blogs*, gera conteúdo que passa a integrar a espetacular e diversificada biblioteca em que a Internet se tornou.

"Garimpar" o que interessa nessas redes vai ser difícil? Muito provavelmente, mas isso faz parte do aprendizado. E de repente você se verá fazendo *uploads* de fotos suas e trocando informações sobre assuntos do seu interesse, e ao mesmo tempo ampliando seus relacionamentos, e descobrindo pessoas interessantes em várias partes do mundo.

Uma experiência de sucesso nessa área é o da empresa *Innocentive* (www.innocentive.com) – que mantém cadastrados indivíduos de todo o mundo, com diversas formações e experiências, e funciona como intermediário entre as empresas que têm um problema para resolver, e a comunidade que pode encontrar a solução para esse problema. O solucionador ganha um prêmio em dinheiro, e a empresa que colocou o problema "na rede" reduz drasticamente o tempo e os custos para resolver a questão. Um negócio típico do século XXI. Pessoas geniais que passaram algum tempo reclusas ou desconhecidas em seus laboratórios ou salas de aula, por exemplo, ganharam espaço e impulsionaram suas carreiras (e sua renda), ao se interessarem em usar seu conhecimento para resolver os problemas de outros, em qualquer parte do mundo.

A comunicação via mensagens instantâneas (*instant messaging*) também vem ocupando um espaço formidável nas relações humanas e comerciais: do SMS do celular ao MSN da Microsoft e o bate-papo do Google Mail, e passando pelos sistemas adotados pelas empresas para uso interno (como o *Sametime*), essa forma de comunicação sintética e objetiva tem se provado excelente para agilizar decisões, atualizar informações e até obter apoio a ideias e iniciativas. Combinando com os recursos de mobilidade, é possível repensar modelos organizacionais, conceder maior autonomia para profissionais que trabalham deslocando-se todo o tempo, inventar novos tipos de "reuniões", e muito mais.

O objetivo não é torná-lo um fanático por Internet, ou deixá-lo muitas horas por dia na frente do computador (embora isso talvez já esteja acontecendo), mas sim mostrar que todas as inovações que vêm sendo disseminadas pela Internet merecem algum tipo de consideração. O *intrapreneur* pode vislumbrar oportunidades interessantes para a empresa em que trabalha, e se a sua ideia for boa, quem sabe até receber algum tipo de incentivo, promoção ou ganhar credibilidade e ser lembrado no futuro.

Saber como funcionam e para que servem todas essas novidades tecnológicas pode ajudar a ter aquele "estalo" que faz você ver o mundo de outra forma a partir de um certo momento.

O caso do YouTube, por exemplo, é outro que merece atenção. Não porque foram pagos centenas de milhões de dólares por uma empresa que não havia completado um ano de vida, mas sim pelo fato de esse *site* estar servindo a múltiplos usos – de simples veiculador de vídeos amadores, até campanhas políticas para Presidente dos Estados Unidos, passando no meio do caminho por gestão de imagem de empresas e produtos, divulgações culturais, e muito mais.

Outro tipo de rede de relacionamento que não pode ser omitida é aquela que procura aproximar pessoas que já trabalharam ou estudaram juntas, e que entendem que esse relacionamento pode ser útil para a sua vida profissional. Estou falando de iniciativas como Linkedin e Plaxo, entre outras, que permitem que você encontre pessoas, obtenha uma forma de contato, e solicite a elas que se tornem uma de suas "conexões". A ambição desses *sites* é tornarem-se fóruns onde será possível mostrar suas qualificações em busca de uma nova colocação, obter o endosso de outros profissionais que o recomendem para a posição, desenvolver relacionamentos que gerem negócios, reconectar-se com amigos do passado (mesmo que sem um objetivo comercial) e debater com outros *experts* temas que o interessam profissional ou pessoalmente.

Se você está lendo este livro, provavelmente já foi convidado a participar de uma dessas "redes". Se ainda não o fez, experimente. Os resultados práticos ainda são modestos, mas a experiência – como mencionado antes – vale a pena.

E os mundos virtuais, então? Não dá para ignorar, embora ainda haja muitas pessoas – e empresas – não convencidas de que seja algo em que vale a pena investir. Um dos mais famosos é o *Second Life*, que vende "terras" no seu mundo virtual, onde empresas e pessoas constroem sedes, casas, espaços culturais e até discotecas. A ideia é que você esteja representado pelo seu *Avatar* – um personagem que age, fala e se relaciona por você. A vantagem (ou desvantagem) é que você pode ser representado do jeito que quiser: você literalmente cria o *Avatar* como achar melhor (mais jovem, de sexo diferente do seu, com roupas que você talvez não ouse usar, e por aí vai).

No *Second Life* acontecem festas de lançamentos de produtos, cursos sobre diversos temas, exposições de obras artísticas, fóruns de debates, e muito mais. Você pode enviar seu *Avatar* para "outro país" e relacionar-se com alguém de lá (ou melhor, o *Avatar* desse alguém).

Esses exemplos são apenas alguns de um conjunto muito maior, e que cresce todos os dias: o fenômeno de comunicação e relacionamento representado pela Internet e por várias tecnologias que ampliam o seu alcance não pode ser subestimado pelo candidato a *intrapreneur*. Talvez ele nunca encontre uma aplicação específica em sua área de atuação, mas sempre precisará estar "ligado" nas novidades, nas conexões e nas histórias de sucessos e fracassos do mundo virtual: faz parte da sua formação profissional.

Todos Podemos Ser Gurus!

"A tragédia da vida é que envelhecemos muito cedo, mas nos tornamos sábios muito tarde."
(Benjamin Franklin)

"O segredo é tornar-se sábio antes de ficar velho."
(H. Jackson Brown)

ALÉM DE ESTUDAR NOVAS TECNOLOGIAS, metodologias e tendências, o consultor também precisa conhecer um pouco da natureza humana, de modo a adotar a melhor abordagem em cada caso. Nos últimos anos tive oportunidade de aprofundar-me nessa questão, inicialmente por meio de seminários baseados na Antroposofia (linha de pensamento iniciada por Rudolf Steiner no começo do século XX), e depois pela busca de mais informações sobre o tema, em diversas fontes. Junte-se a isso a experiência proporcionada pela profissão de consultor e é possível arvorar-se a dar algumas opiniões sobre o assunto.

Esse tema – comportamentos e emoções do ser humano ao longo da sua existência – entra no rol de assuntos como uma contribuição à questão do autoconhecimento: uma ferramenta fundamental para qualquer pessoa, *intrapreneur* ou não. Mas particularmente para aqueles que pretendem fazer alguma diferença, desenvolver o autoconhecimento e ter consciência de suas capacidades e limitações permite obter mais tranquilidade ao enfrentar críticas, dificuldades e desafios que certamente acontecerão na medida em que suas ideias forem sendo expostas e executadas.

Como disse Elbert Hubbard, "para evitar críticas, não faça nada, não diga nada, não seja nada".

Segundo a Antroposofia, a vida humana tem algumas fases bem definidas, normalmente medidas em períodos de sete anos (setênios): em cada uma delas há mudanças físicas, psicológicas e espirituais extremamente importantes, que caracterizam aquele momento da existência, e, dependendo da forma como foram vividas, determinam o que deve ocorrer depois.

Por exemplo, na fase dos 20 anos (tipicamente dos 21 aos 28), a vida emocional é violenta e instável: um elogio por um trabalho bem-feito leva à exultação e à celebração de uma vitória maior do que a realidade, enquanto uma simples repreensão pode tornar o mundo um lugar horrível, e aquele emprego parecer um erro a ser corrigido rapidamente. O jovem adulto tem fome de aprender, e vai descobrir-se ao ter a oportunidade de trabalhar sob circunstâncias diferentes, em temas diferentes, aceitando com facilidade desafios para os quais nem sempre está preparado. Uma empresa que tenta restringir a atuação de um jovem talento a uma atividade repetitiva (que provavelmente ele executa muito bem) vai perder essa pessoa logo. Os jovens costumam seguir o conselho de Harold Geneen, ex-CEO da ITT durante os anos 1960 e 1970: *"No mundo dos negócios todos são pagos em duas moedas – dinheiro e experiência. Agarre a experiência primeiro, o dinheiro virá depois."*

Quantos talentos jovens não aceitaram de bom grado arriscar suas carreiras nas empresas "ponto com", deixando para trás algo mais "conservador"? A Internet, em sua primeira fase, foi tipicamente um lugar atraente para essa geração, em busca de testar suas habilidades em um ambiente novo, promissor e de altíssimo risco. A ideia de crescer pelo menos 20% ao mês – algo temerário, e para alguns inimaginável – soava como perfeitamente normal para alguém em busca de conhecer os seus limites. No momento atual, quando o *e-business* está mais maduro, a composição das organizações "e" já mudou bastante; o que conta mais é a experiência e o planejamento cuidadoso.

O "fim" da juventude ocorre nos anos 30: viver, agora, virou um assunto sério. Terminada a fase de teste de suas habilidades, o indivíduo começa a executar um plano de realização profissional. Ele define metas a ser atingidas nos próximos dez anos: o grande desafio é subir na carreira, alcançar uma posição de poder, e sua formação intelectual vai determinar o melhor caminho para isso – os fins justificam os meios. Há os que vão buscar trabalhar muito e dominarem pelo conhecimento, e outros que vão utilizar suas habilidades políticas para manipular as coisas a seu favor, entre infinitas possibilidades de organizar sua "campanha".

O ápice desse processo ocorre em torno dos 35 anos, quando o indivíduo costuma fazer alguma coisa "radical": mudar de emprego, dessa vez em busca de mais poder; largar a família, que "atrapalha" ou "não entende" o seu desenvolvimento profissional; mudar de cidade ou país, em busca de mostrar que estará preparado para uma posição relevante em sua organização nos próximos anos. Esse quadro costuma retratar um sentimento de que, nessa fase, a culpa é sempre "dos outros": que não são inteligentes, não "enxergam", e preferencialmente deveriam ser eliminados para facilitar as coisas. Esses são os indivíduos que não se sentem desconfortáveis em ambientes de constante cobrança e medição. Eles são até estimulados por isso: *balance score cards*, metas trimestrais e orçamentos apertados são oportunidades de avançar na carreira. Esses métodos já não são tão bem vistos por profissionais em outras fases da vida.

O fim dos anos 30 e começo dos 40 marca o "momento da verdade". O perceptível declínio físico é acompanhado pela busca dos valores pelos quais "vale a pena viver" daqui para frente. A família, ou pelo menos o sentimento de dedicar-se mais a algumas pessoas, torna-se importante em sua vida. Nessa fase, em seu íntimo, o indivíduo realmente se conhece. Ele sabe quais são suas verdadeiras habilidades, e tem uma visão clara de suas limitações. Li uma vez um artigo muito interessante, que qualificava esse momento como "atingir o seu nível de incompetência". O problema é aceitar isso e viver de acordo.

Neste ponto está a razão do título deste capítulo – ser um *guru*. A experiência de vida nesse momento é tremenda, e se for canalizada por meio das habilidades corretas (independentemente do aspecto financeiro associado) vai tornar a pessoa um *guru* em relação aos temas que domina, e provavelmente rejuvenescê-la mentalmente e trazer felicidade. A insistência em buscar metas impossíveis leva o indivíduo para outro caminho – a "senilidade" – onde atitudes defensivas constantes são a tônica, o envelhecimento precoce e o stress uma realidade. É muito comum, nessa fase, as pessoas medirem seu sucesso e o dos outros pelo patrimônio acumulado, e acabarem focando todos os seus esforços em defender o que conquistaram ou em acirrar sua luta pela busca do que julgam "merecer". Talvez por isso os grupos mais visivelmente felizes nessa idade sejam os formados por artistas, músicos, e alguns professores e médicos, que trabalham naquilo em que realmente gostam e possuem a habilidade.

Para pessoas nessa idade, a empresa deve proporcionar novas experiências que ampliem a sua visão, e a deixem em contato com outros profissionais que vivem situações similares. Isso pode contribuir para um reposicionamento adequado do indivíduo na organização ou o reconhecimento de que é hora de buscar outra ocupação para sobreviver. É preciso evitar um fim melancólico de afastamento ou de isolamento da pessoa que está no lugar errado e na hora errada.

Para o indivíduo que conseguiu vencer essa fase e aprimorou sua percepção sobre a realidade e sobre si mesmo, os anos 50 marcam uma nova sensação de liberdade. Seus interesses se ampliam, e ele parte em busca de questões de maior significado, voltadas ao saber e à filosofia. Uma boa sensação nessa fase da vida é não ver mais os problemas do dia-a-dia como tão grandes ou importantes como antes, que pode ser ilustrado por algo como:

"Para ser feliz siga duas regras

Não dê importância aos pequenos problemas

Tudo são pequenos problemas!"

As pessoas que conseguem trilhar um caminho de aceitação e valorização do seu amadurecimento tornam-se ótimos mentores e conselheiros, tanto profissional como pessoalmente, e as organizações também precisam aprender a usar esse potencial. O profissional maduro e tranquilo com sua maturidade é candidato a ser um líder excepcional. Vários artigos e livros já foram publicados afirmando que o líder ideal é aquele que se sente "um servidor". Ou seja, ele percebe que seu dom de liderar o coloca em um patamar de responsabilidade tal, que é como se sua obrigação fosse ajudar todos os demais, e não ser servido e adulado por eles.

O tema estende-se com várias questões até os anos 60, 70 e 80, quando um novo tipo de "renascer" ainda pode ocorrer para o indivíduo, tornando os anos que lhe restam de vida os mais fantásticos e interessantes de todos. É o que se chama de "envelhecer com sabedoria".

Como disse Goethe, "a criança é um realista, o jovem é um idealista, o adulto é um cético, e o idoso é um místico!"

Penso que a mensagem maior é que, mais do que responsáveis por nossas carreiras, somos diretamente responsáveis pela qualidade de nossas vidas e da vida daqueles que dependem de nós. O autoconhecimento é uma ferramenta fundamental nesse processo, e deveria direcionar cada um de nossos esforços, principalmente no trabalho, que ocupa parcela tão grande de nossa existência. Por outro lado, as organizações formadas pelos indivíduos (empresas, institutos, universidades...) precisam formatar seu ambiente de trabalho de modo a proporcionarem as oportunidades que vão tirar das pessoas o melhor de cada um, e acabar por maximizar a capacidade dessas organizações em atingirem suas metas e contribuírem para a riqueza da sociedade.

Entrevista

Mário Fleck
CEO da Rio Bravo Investimentos S.A.

MÁRIO FLECK formou-se em Engenharia Mecânica e Industrial pela Pontifícia Universidade Católica do Rio de Janeiro.

Foi nomeado Presidente da Rio Bravo em janeiro de 2009, depois de ter atuado por quatro anos como diretor de renda variável. Nessa posição, Mário ajudou a criar e gerir o Rio Bravo Fundamental FIA, o fundo de valor e ativismo da Rio Bravo, do qual continua sendo o gestor.

Anteriormente, trabalhou por 28 anos na Accenture, sendo 14 deles como Presidente no Brasil. Integrou o conselho mundial da empresa e liderou projetos para clientes como o Grupo Pão de Açúcar, Sadia e Vale, entre outros.

Mário é membro dos conselhos de administração da Cremer, Eternit e Bematech. É membro do *Board of Governors do Weizmann Institute of Science*, em Israel, e é vice-presidente da Federação Israelita de São Paulo e da Câmara de Comércio Brasil-Israel.

▶ **Mário, você foi o *country manager*[1] da Accenture no Brasil, uma empresa de consultoria, de serviços; como você percebe a questão do empreendedorismo?**

Na minha visão, o profissional precisa ter relevância na empresa em que trabalha, no meio em que atua. Essa é a principal característica do profissional empreendedor. Ele tem iniciativa, reconhece a imensidão de oportunidades que se apresenta nos negócios. Possui a sensibilidade para identificar novos mercados, novos clientes.

O profissional relevante é que aquele de quem você – como líder de negócio ou executivo – quer depender. São pessoas que claramente somam, agregam valor.

Em uma empresa de consultoria como a Accenture, o perfil e a capacidade do consultor é crítico para o sucesso dos negócios. Sempre incentivamos nossos profissionais a convidarem seus colegas – aqueles que eles percebiam como talhados para o nosso negócio – a trabalharem conosco. Essa era uma fonte de recrutamento muito importante, e quando o convite gerava uma contratação efetiva (ou seja, o candidato era aprovado no processo de avaliação e convidado a trabalhar na Accenture), o responsável pelo convite inicial recebia um prêmio. Acreditávamos que ninguém melhor do que um funcionário capaz e motivado para encontrar no mercado outros talentos similares e interessá-los em trabalhar conosco. ◄

▶ **Que aspecto você destacaria na gestão desses talentos empreendedores?**

Os projetos de consultoria costumam ser longos, e, portanto, as avaliações formais da performance dos profissionais demoravam muito a acontecer. E, assim, esses profissionais também precisavam esperar muito tempo para receberem o *feedback* de seu trabalho. A outra forma de avaliação formal era anual, voltada para a eventual promoção.

Introduzimos um processo de avaliação mais frequente, que permitisse uma discussão mais regular da performance de cada consultor. Isso fez com que a avaliação ganhasse importância – contra uma visão burocrática de preencher um formulário –, e cada profissional pudesse reagir mais rapidamente às recomendações de melhoria que lhe eram apresentadas. ◄

---
1 *Country Manager* – Diretor Geral.

▶ **E o que mais a empresa fazia para motivar as pessoas a empreender?**

Investimos em criar um ambiente propício para que a iniciativa pudesse acontecer. E isso significava garantir que as pessoas estivessem à vontade para colocar suas ideias sem medo de serem mal vistas por isso.

Para isso, fizemos um trabalho para identificar pessoas em posições-chave da empresa, mas que apresentavam uma personalidade difícil quando o assunto era trabalho em grupo, liderança, colaboração. Essas pessoas recebiam um *feedback* em suas avaliações onde se mostrava que apesar do bom desempenho técnico desenvolvido, no que se referia à gestão de recursos humanos, a performance deixava a desejar, dificultando o clima de inovação que a organização queria criar.

Oferecíamos ajuda profissional – como uma psicóloga – para que a pessoa pudesse trabalhar esses aspectos e melhorar o seu desempenho. Inserir-se adequadamente no contexto que a organização acreditava ser o melhor ambiente para o empreendedorismo. ◀

▶ **Como essas questões de inovação e de empreendedorismo eram reconhecidas?**

No caso da Accenture, as iniciativas deveriam refletir-se em maiores vendas e na conquista de clientes-alvo. Organizávamos um almoço mensal de vendas, cujo principal objetivo era comemorar os sucessos do período.

Nesse almoço, definidos os casos que mereciam reconhecimento – por sua criatividade, ousadia ou dedicação –, trazíamos alguma coisa daqueles clientes que marcasse o momento. Em geral – no caso das grandes empresas –, o último comercial de TV que o cliente havia lançado.

Os vencedores ganhavam um *voucher* para jantar onde quisessem com o seu *significant other* (namorada(o), esposa(o), companheira(o)). E pedíamos que quando estivessem no restaurante, lembrassem – e até comentassem com o outro – que "hoje estamos aqui porque eu tive sucesso em vender um projeto muito importante para..." ◀

▶ **Quando você assumiu a posição de *country manager* da Accenture no Brasil, você comentou que iria introduzir algumas mudanças nas políticas de incentivo da companhia... poderia comentar sobre essa questão? Isso contribuiu para motivar os talentos empreendedores?**

Sem dúvida. Na época, os bônus por atingimento de metas ainda não eram tão comuns, e em empresas como a Accenture não constavam nem das políticas de remuneração. Eu achava que precisávamos de um incentivo financeiro significativo para "dar uma virada" no negócio. Conversei então com meu chefe, e expus a ideia de introduzirmos um bônus de dois salários se os resultados da empresa no Brasil naquele ano atingissem um determinado patamar de receitas e de lucratividade.

Meu chefe aprovou a medida, mas – a meu ver – baseado em duas premissas: a primeira é que não atingiríamos a meta estabelecida, e, portanto, não seria necessário pagar os bônus; a segunda, é que esse tipo de incentivo não provocaria nas pessoas a diferença pretendida por mim.

Anunciei o bônus para a equipe e passei a acompanhar detalhadamente a evolução das vendas. Depois de poucos meses ficou claro que havia grande chance de atingirmos as metas. Procurei meu chefe para comunicar essa tendência. Preocupado com o fato de que esse tipo de recompensa não estava previsto nas políticas de recursos humanos da companhia, ele começou a fazer consultas com a organização global, no sentido de obter aprovação formal.

Enquanto ficava claro que as metas seriam atingidas, também crescia a certeza de que não obteríamos a aprovação para pagar o bônus, o que seria um desastre em termos de motivação do pessoal dali para frente, e também em termos da credibilidade dos líderes do negócio.

Precisávamos agir, e rápido. Identificamos, então, que a questão da concessão de um automóvel para uso dos funcionários a partir de um determinado nível (que se encaixava nas categorias elegíveis ao bônus) era algo que possuía uma linha de defesa sustentável frente às políticas globais, porque o ativo continuava pertencendo à empresa; o funcionário tinha apenas o benefício do uso. E sabemos como um carro faz diferença.

Informamos sobre as mudanças na distribuição do bônus, mas a ideia de "ganhar" um carro agradou a todos, e foi assim que acabamos por introduzir mais esse benefício na Accenture. ◄

▶ **Mário, você acabou de ser nomeado CEO da Rio Bravo Investimentos, onde já vinha atuando nos últimos anos. Trata-se de um outro tipo de negócio, talvez com maiores riscos do ponto de vista financeiro. Como vocês tratam o tema empreendedorismo na Rio Bravo?**

Incentivamos os funcionários a se prepararem para tornarem-se sócios do negócio no futuro. Mostramos que a "troca de cadeiras" faz parte da estratégia da empresa, e que por isso mesmo há grandes oportunidades para todos que estiverem dispostos a empreender e tentar contribuir para os resultados da Rio Bravo. Eles devem contribuir para o negócio, ser recompensados por isso, e em algum momento adquirirem uma parte do próprio negócio.

Eu – quando assumi a posição de CEO – informei a todos que pretendia ficar no cargo cinco anos, e que depois disso outro profissional deveria substituir-me nessa função, muito provavelmente alguém do time. Depois disso já conversei com pessoas que me disseram que pretendem demonstrar ser a melhor alternativa para ocupar essa cadeira no futuro.

Em uma empresa como a Rio Bravo, a colaboração entre perfis complementares é fundamental para o sucesso do negócio. Aqui não trabalhamos para ter um profissional padrão, mas sim preencher as disciplinas e os aspectos comportamentais que julgamos precisam estar presentes no negócio para que ele se desenvolva adequadamente. ◄

▶ **Depois de tantos anos liderando times de pessoas com boa formação, ousadas e criativas, que característica você julga precisa ser cultivada pelo profissional empreendedor?**

O senso de urgência. O profissional precisa perceber que determinadas questões – a solicitação de proposta de um cliente ao ficar encantado, ou convencido, com a ideia apresentada; a determinação de que uma mudança na forma de executar as atividades pode trazer grandes benefícios; a percepção de que uma ideia inovadora vai ampliar a competitividade do negócio – precisam ser colocadas em andamento o mais rápido possível. Se a questão envolver um cliente, então, mais ainda. A capacidade de dar uma pronta resposta a um cliente é um dos elementos alvos do empreendedorismo interno.

E, para isso, o profissional vai precisar provocar as estruturas e os processos da organização, que em geral formam barreiras que dificultam a rápida execução das ideias; e que, mesmo trabalhando a favor da mudança, são em geral causa de alongamento do tempo necessário para colocar em prática aquilo que se acredita pode trazer grandes benefícios para o negócio.

Esse profissional empreendedor não pode intimidar-se por essas dificuldades. Ele precisa preparar-se para enfrentá-las e mostrar que algo diferente deve ser feito em prol da melhoria dos resultados. O sucesso dessa provocação pode até influenciar os processos e as políticas da empresa, e facilitar a vida da próxima iniciativa empreendedora que surgir. ◄

parte seis

SEJA UM EMPREENDEDOR!

capítulo um

Pense "Pequeno"

"Poucas coisas são mais difíceis de lidar do que um bom exemplo."

(Mark Twain)

Quando se analisam as boas histórias de empreendedorismo – aquelas que combinam visão, inovação, coragem, persistência, colaboração e desprendimento dos que acreditavam na ideia –, o que se conclui é que a grande maioria delas ou aconteceu com organizações pequenas (muitas vezes um grupo reduzido de otimistas que não mediram esforços para ver a ideia concretizada), ou por meio da iniciativa de uns poucos heróis em uma grande organização (frequentemente lutando contra a descrença e a inveja).

A experiência mostra-nos que é mais provável um pequeno grupo coeso de pessoas conseguir uma grande transformação – a despeito de restrições financeiras e técnicas – do que uma grande empresa ou organização mobilizar-se para fazer algo similar (por isso o uso de termos como paquidérmico para representar a capacidade de ação dessas organizações).

Observe como os que participaram dos primórdios de uma empresa ou iniciativa falam com saudosismo "daqueles tempos" em que todos os envolvidos lutavam pela mesma coisa, as disputas eram saudáveis e somente em benefício do negócio, e o sonho era compartilhado por todos.

O empreendedorismo precisa de flexibilidade, tolerância ao erro, companheirismo, vibração legítima, percepção de que as pessoas se complementam na busca do ideal comum. E isso é cada vez mais raro de se encontrar nas grandes empresas, onde as agendas pessoais ocultas muitas vezes são as que valem na condução dos negócios e das operações. Mas essas empresas repetidamente comprovam que possuem um potencial enorme de inovar e transformar-se, se conseguirem vencer as dificuldades impostas pelo excessivo cuidado de autopreservação de seus profissionais, principalmente os que ocupam posições de liderança.

Preste atenção nos depoimentos dos brilhantes executivos que contribuíram com a sua visão sobre o tema: suas ações e soluções de empreendedorismo sempre estão direcionadas para atividades em grupos reduzidos, de modo a resgatar as características de liberdade e confiança que determinam os ambientes de inovação e transformação. Outro ponto importante é que foram criados processos estruturados para empreender. Em um primeiro momento pode parecer paradoxal, já que soa como um "engessamento" do ato de criar e inovar. Mas coloque sob outra perspectiva: a formalização de processos, nesse caso, serve para proteger as iniciativas, e não o contrário; assegura-se uma maneira de levar a ideia à frente (por meio de uma ou poucas pessoas), e somente quando a ideia passa ao estágio de absorver investimentos significativos é que ela ganha visibilidade maior nas áreas que precisarão contribuir de alguma forma para a sua concretização.

Sobre esse ponto da estruturação de processos de empreendedorismo, também cabe destacar os casos em que as organizações maiores adotam o conceito de *start up*[1] para os projetos empreendedores: durante algum tempo (em alguns casos, alguns poucos anos), o novo empreendimento goza de um *status* privilegiado, no qual os formalismos e a inércia da organização "mentora" são mantidos "do lado de fora". A *start up* precisará provar-se como sustentável e lucrativa, mas terá todas as oportunidades para isso.

Para pensar "grande" talvez seja necessário, primeiro, pensar "pequeno". Pequeno no sentido de criar as condições propícias ou ideais para empreender, para remover temores, comportamentos e até hierarquias que atrapalham o bom andamento das ideias. A iniciativa empreendedora – seja ela a criação de um novo produto ou serviço, ou uma pequena modificação em um processo da empresa – precisa ser tratada como um novo negócio promissor, sendo que o que realmente deve contar é o talento, o conhecimento, a ousadia e a confiança.

---

[1] Empresas, em geral criadas recentemente, que estão na fase de desenvolvimento e pesquisa de mercado.

capítulo dois

Como Começar a Empreender Amanhã?

"Peque por ação, não por omissão."

(Comandante Rolim)

DEPOIS DE NAVEGAR por tantos conceitos e ideias, e admirar-se com as iniciativas relatadas pelos executivos dessas destacadas empresas, talvez você esteja pensando em como dar o primeiro passo para direcionar suas ações em busca de tornar-se um *intrapreneur* de verdade, que passará a ser notado pelo seu perfil empreendedor e seu entusiasmo em ajudar a sua organização a melhorar, progredir e tornar-se mais lucrativa.

Uma boa maneira de começar é analisar onde está o valor gerado pelo negócio em que você atua. Esse valor normalmente é algo que o cliente percebe, e que por isso mesmo o faz valorizar o produto ou o serviço que adquire da sua organização. Você pode focar no valor gerado especificamente pela sua área funcional, e talvez seu cliente seja até "interno" (ou seja, sua área presta serviços para outras áreas da empresa), ou você pode alçar um vôo mais alto, e procurar entender o valor gerado diretamente para o cliente final – independentemente da função em que você atua – e estudar como a sua área pode contribuir para preservar e aumentar esse valor, ou ainda ser mais ousado, e desenvolver ideias que influenciem como outros departamentos da empresa devem trabalhar para preservar e aumentar esse valor.

Analisar e entender como o valor do negócio é gerado é uma decisão que normalmente pode causar efeitos revolucionários na organização, porque, ao fazer isso, as pessoas vão perceber o que é a essência do negócio. Poucas organizações possuem realmente o conhecimento e o controle sobre os valores que o seu negócio proporciona aos seus clientes. Na onda de artigos e depoimentos sobre os cortes de emprego que ocorreram em todo o planeta durante a crise econômica de 2008 e 2009, foi difícil encontrar uma linha sobre a preservação do valor entregue ao cliente. Falava-se em adaptar-se à nova escala (menor) de negócios, fechar unidades, manter um fluxo de caixa positivo, comprar concorrentes (quando o caixa permitia), retirar patrocínios, tornar-se mais conservador nos gastos. Tudo importante e útil, mas insuficiente – e até contraproducente – se a questão do valor gerado pelo negócio for ignorada.

Por exemplo, várias empresas que possuem uma escala de compras grande adotaram, nos últimos anos, a filosofia de "espremer" os lucros dos seus fornecedores até deixá-los praticamente sem ganhos. Em troca, eles (os fornecedores) poderiam qualificar-se no mercado como fornecedores "credenciados" pela empresa "tal", o que lhes daria credibilidade para praticar melhores preços com outros clientes. Pura balela. Se o negócio não for bom, ele acabará gerando consequências nefastas em algum momento: desabastecimento, equipes de prestação de serviços de menor qualidade ou experiência, e até a quebra do fornecedor (acontece frequentemente), diminuindo a concorrência e dificultando as próximas compras da empresa "esperta".

Verificar, por exemplo, como os participantes do segmento de mercado em que sua empresa está inserida adicionam valor ao produto ou serviço que sua empresa oferece ao mercado, é uma forma de sugerir políticas mais adequadas de relacionamento e de parceria com esses participantes, que se transformam em melhores negócios para todos, inclusive para o cliente final. Por isso foi criado o nome "cadeia de valor": esse termo reconhece que é necessária a contribuição de vários participantes para obter o valor desejado e gerar competitividade.

Releia a entrevista de Antônio Guimarães, da Syngenta, e verifique como essa empresa usa tecnologia para conectar-se com os seus distribuidores, e com isso aumentar a fidelização dessas empresas à sua cadeia de valor.

O valor pode ser criado sob diversas formas: preço, prazo, qualidade, serviços, suporte, inovação, design, marca & *status*, tecnologia & processos, colaboração, praticidade, durabilidade, compartilhamento (de ideias, de interesses, de como aplicar o produto), criação de um mercado que valorize os profissionais que lidam com aquele produto ou serviço, uma infinidade de aspectos, e provavelmente eu não seria capaz de nomear todos eles.

O valor também pode ser criado pela simplificação da forma de produzir ou de controlar, pela desburocratização, pelo aumento da autonomia dos envolvidos, por permitir que o cliente aumente a sua influência sobre o resultado final, pela terceirização, enfim pela forma inovadora de fazer as coisas.

Você, com a sua experiência e vontade de melhorar algo na sua organização, precisa ser mais crítico – construtivamente –, e tentar estabelecer uma nova perspectiva para avaliar como as coisas acontecem no negócio em que você atua.

Lembrando as palavras de Antonio Guimarães, da Syngenta:

"Comecei a entender melhor como as organizações são rígidas na sua maneira de pensar: elas se concentram na forma como estão acostumadas a fazer as coisas, e muitas vezes ignoram soluções que estão na sua frente, mas para as quais não estão preparadas."

O *intrapreneur* "enxerga" essas soluções que "estão na sua frente". Mas não se trata somente de um dom visionário, isso também pode ser obtido com trabalho estruturado e colaboração. Ou seja, identificar atividades com potencial de melhoria e organizar-se para explorar a questão de forma técnica e objetiva. É como ocorre no meio científico: uma pergunta é formulada, e então se inicia uma pesquisa para respondê-la. Muitas vezes não se chega a algo relevante, mas algumas vezes o mundo muda para sempre, por causa daquela descoberta.

O importante é questionar, sempre. Se não por uma legítima vontade de empreender, pelo menos para combater o fato de que se você não questionar, alguém o fará por você, o que pode ter consequências imprevisíveis.

A busca do valor é o que, no meu entender, facilita e motiva as iniciativas de empreendedorismo. As pessoas deveriam se preocupar em agregar valor sempre, no seu trabalho, no ambiente familiar, no grupo de amigos com o qual convive, na cidade onde mora. Como li em algum lugar há tempos, "a mudança do mundo para melhor começa dentro de cada um".

Sucesso!